高校排球运动教学模式与科学竞训研究

蒋文梅　著

中国财富出版社有限公司

图书在版编目（CIP）数据

高校排球运动教学模式与科学竞训研究／蒋文梅著.—北京：中国财富
出版社有限公司，2021.9

ISBN 978 - 7 - 5047 - 7529 - 0

Ⅰ.①高…　Ⅱ.①蒋…　Ⅲ.①排球运动—体育教学—教学研究—高等学校
②排球运动—运动训练—教学研究—高等学校　Ⅳ.①G842.2

中国版本图书馆 CIP 数据核字（2021）第 188280 号

| 策划编辑 | 李　丽 | 责任编辑 | 刘　斐　钮宇涵 | 版权编辑 | 李　洋 |
| 责任印制 | 梁　凡 | 责任校对 | 孙丽丽 | 责任发行 | 杨　江 |

出版发行	中国财富出版社有限公司	
社　　址	北京市丰台区南四环西路 188 号 5 区 20 楼	邮政编码　100070
电　　话	010 - 52227588 转 2098（发行部）	010 - 52227588 转 321（总编室）
	010 - 52227566（24 小时读者服务）	010 - 52227588 转 305（质检部）
网　　址	http://www.cfpress.com.cn	排　　版　宝蕾元
经　　销	新华书店	印　　刷　北京九州迅驰传媒文化有限公司
书　　号	ISBN 978 - 7 - 5047 - 7529 - 0/G · 0812	
开　　本	710mm×1000mm　1/16	版　　次　2024 年 5 月第 1 版
印　　张	13.5	印　　次　2024 年 5 月第 1 次印刷
字　　数	221 千字	定　　价　56.00 元

前　言

　　排球运动在我国具有广泛的群众基础。近年来，中国女排在世界上取得了优异的成绩，激励了无数国人，排球运动也得到高校学生的热爱。但在高校排球运动教学中，由于缺乏科学的理论指导和新颖的教学方法，教学情况并不理想，排球课程并不能满足当前学生的学习需要。因此，为适应体育教育改革和对排球专业人才培养的需要，进一步提高高校体育教学与训练实践的质量和水平，本人在总结多年教学与训练实践的基础上，吸收借鉴其他高校的宝贵经验，广泛听取各体育高校的意见，特撰写《高校排球运动教学模式与科学竞训研究》一书，旨在为当前的高校排球运动教学提供一定的理论参考和实践指导。

　　本书以高校排球运动教学为研究对象，对排球运动教学模式改革进行了探索。全书共分为九章，第一章绪论部分简要阐述了排球运动的历史渊源、排球运动的发展概况、排球运动组织与赛事；第二章从运动生理学方向、运动心理学方向、运动生物力学方向和运动生物化学方向分别阐述了高校排球运动教学开展的学科基础；第三章分析了高校排球运动教学的理论基础，为高校排球运动教学提供科学的参考依据；第四章从排球运动的准备姿势、发球、垫球、传球、扣球、拦网等方面探讨了高校排球运动技术教学与训练；第五章从阵容配置、个人战术、集体进攻战术、集体防守战术等方面对高校排球运动战术教学与训练进行了深入研究；第六章分析了高校排球运动教学模式，并提出了相应的创新模式；第七章对高校排球运动教学考核方法进行了创新设计；第八章阐述了高校排球运动的竞赛组织，并对高校排球运动竞

1

赛的裁判工作进行了研究；第九章对软式排球运动、四人制排球运动以及气排球运动等其他形式的排球运动进行了相关介绍，并对其课程教学进行了创新探索。

从构架来看，本书结构严谨、内容丰富、思路清晰，对高校排球运动教学进行了系统研究和论述，具有一定的理论意义和实践价值。期望本书的出版能够适应排球专业教学迅速发展的需要，为提高排球人才培养质量起到推动作用，为排球专业的教师及学生提供专业指导。同时，也期望本书能够为排球爱好者提供一定的帮助。

本书在编写过程中参阅了大量书籍与网络资料，无法逐一列出，在此表示衷心的感谢！

作　者

目　录

第一章 绪 论

第一节 排球运动的历史渊源

一、排球运动的起源

据相关史料记载，美国是排球运动的发源地。1895年，美国马萨诸塞州霍利沃克城的基督教青年会干事威廉·摩根经过长时间的摸索，创造了一种运动节奏比较缓和的、适合中老年人的球类游戏，游戏中人们对球进行隔网拍打，相互嬉戏，尽量使球不落地。摩根把这种游戏取名为"Mintonette"，即"小网子"的意思，这就是排球运动的雏形。

在排球运动的初始阶段，运动场地及规则均相对随意，并没有严格规定。在游戏普及初期，人们在一处空地上，将一张球网架在5英尺6英寸（1.98米）的高度上，在游戏过程中用篮球内胆隔着网来回拍打，球在空中飞来飞去。当时没有专业的排球供游戏使用，而篮球和足球又太重，因此在游戏过程中手指、手腕很容易受伤。为了找到合适的游戏用球（既不伤手指，又不会一打就跑），摩根找到当时美国制作体育用品的司堡尔丁公司，司堡尔丁公司按摩根的设计要求制作了一种外表用软牛皮包制、内装橡皮胆的球，这种球与现代排球相近，球的圆周为25~27英寸（63.5~68.5厘米），重量为9~12盎司（255~340克）。在此之后，排球运动员所用排球的大小与重量都和这个球保持统一。

1896年，"Mintonette"在美国马萨诸塞州斯普林菲尔德基督教青年会体育指导大会上进行了首次表演赛，当时观看比赛的哈尔斯戴特博士建议把这一运动命名为"Volleyball"，即"空中截球"的意思，该名称得到了摩根及表演者的一致同意，此后，"Volleyball"被一直沿用到现在。19 世纪 90 年代，美国某杂志公开介绍排球比赛的打法和简单规则，越来越多的人参与到排球比赛中，排球运动成为美国体育项目中的一种，在美国得到了快速发展。

二、排球运动的发展历程

（一）从娱乐性向竞技性过渡

排球运动的第一发展阶段是由娱乐性向竞技性过渡的阶段，其发展时间大概为 19 世纪末至 20 世纪初。起初，排球运动是作为一项活动强度小、适合中老年人的运动产生的，没有具体的游戏规则，双方只需要将球打到对方的网内即可，具有较强的娱乐性。

随着参与人数的增加，人们逐渐认识到，比赛时难以将球一次击入对方的球网中，并且难以接到网前位置击来的球。随着排球这一运动的难度逐渐增加，人们开始尝试多种打球方法，久而久之形成了一套体系，并开始形成了简单的战术配合。

因为在排球游戏中，游戏一方无休止地击球而球始终无法过网的现象较为频繁，所以为了解决得球方因无限传球导致的拖慢比赛节奏的问题，后来人们规定了每次获得球权后本方半场的传递次数，即每方击球至多 3 次，3 次传递后球必须过网，否则判负。这一规则的出现给排球运动的发展带来了巨大的影响，排球技术中的进攻技术开始分化为传球和扣球两种。在排球运动中，传球主要分为两次，分别由两个人负责，即一传和二传，一传以防守为主，二传则以进攻为主。随着排球运动的变化，原本为了满足中老年人运动需求的排球运动开始逐渐受到更多年轻人的青睐。在排球运动中，扣球的威力较大且进攻多以网前为主，为了对抗扣球，人们将防守移到了网前，拦网战术由此出现。由于球权获得队的触球机会减少，任何技术环节都是宝贵的进攻机会，因此能干扰对方的发球技术就越发得到人们的重视，排球运动的发球也开始采用增加力量的侧面上手球。从此排球运动的性质发生了变化，逐步从娱乐性游戏发展为竞技性运动。

当一项游戏被赋予了更多竞技元素并将朝着竞技化进一步发展时，会产生一套系统的、公平的规则，排球运动竞技化的结果同样如此。1921—1938年，排球运动的规则不断完善。规则的逐步完善也使运动的战术更加明确与系统，如排球运动中将发球、传球、扣球、拦网确立为当时排球运动的四大基本技术。后来，人们将这些技术进行有针对性的组合，并且在恰当的时机发挥出来，排球战术由此出现，这为队员们在比赛中有目的、有组织地进行战术配合和排球运动的深入发展打下了坚实的基础。

（二）竞技排球运动快速发展

排球运动的第二个发展阶段是在 20 世纪 40 年代至 80 年代，这一阶段是竞技排球运动的快速发展阶段。第二次世界大战结束之后，在排球运动发展逐步成熟的大背景下，部分国家先后成立了排球协会。为了更加统一地开展国际排球运动，1946 年，法国、捷克斯洛伐克、波兰 3 国的排球代表倡议成立国际排球联合会（以下简称国际排联）。1947 年，国际排联在巴黎成立，总部设在洛桑，法国的保尔·黎伯为第一任国际排联主席。国际排联制定了国际排联宪章、排球竞赛规则，成立了技术委员会、竞赛委员会、裁判委员会。国际排联的成立标志着排球运动从此彻底摆脱了娱乐性质，正式进入竞技排球运动阶段。国际排联成立后组织了一系列大赛，每隔四年举办一次，一直延续至今。众多的排球赛事和广泛的国际排球活动，促进了排球运动技战术的蓬勃发展。

20 世纪 50 年代，东欧一些国家的排球技术水平较高。苏联男排、女排队员均以身高体壮、扣球力量大且凶狠成为当时排球运动中"力量派"的代表。捷克斯洛伐克的男排是当时排球运动"技巧派"的代表，是当时苏联排球队的主要对手。60 年代初，日本女排得到了快速发展，世界女排进入日苏对垒的发展阶段。70 年代是竞技排球运动的技战术发展速度最突出的时代，各种技战术应运而生，竞技排球运动发展迅速。70 年代初，排球战术得到了较快的发展，世界排球发展呈现出不同流派各显特色、不同流派先后称雄的局面，不同流派在发展过程中互为补充、逐渐融合。1977 年，国际排联修改了排球比赛规则，新规则规定"拦网触手后仍可击球"，这一修改在很大程度上推动了排球运动攻防竞争的激烈程度。

（三）竞技排球运动多元化、娱乐排球运动再发展

排球运动发展的第三个阶段是 20 世纪 80 年代至今，这一阶段呈现竞技排球运动多元化、娱乐排球运动再发展的局面。

1. 竞技排球运动多元化

竞技排球运动的多元化发展主要分为三部分，即竞技化、职业化、社会化，具体内容如下。

（1）竞技化。20 世纪 80 年代以后，竞技排球运动逐步走向成熟，赛场上的竞争更加激烈，排球运动的技战术观念不断革新，只要技战术中某一环节的几位队员超群就可以获得胜利的时代已经过去，排球运动进入全攻全守的新时期。各排球运动强国水平相当，又各有特长，世界排坛呈现中国、俄罗斯、意大利、巴西、美国女排多强林立的局面。具体分析如下。西欧男排在职业联赛的交流中进一步发展了美国男排的攻防体系，使跳发球和纵深立体进攻战术更加灵活自如，拦网的成功率很高，排球进攻已不再是第三次击球的专利了。中国女排是一支既有高度又有灵活性，既能攻又能防的全面型球队，具有攻防全面、战术多变、以高制矮、以快制高的技战术特点。中国女排球从 1981 年至 1986 年连续 5 次夺冠，在世界排球运动发展史中写下了辉煌的篇章，随后又在 2003 年获得世界杯冠军、2004 年获得奥运会冠军。2013 年，中国队首次无缘亚锦赛决赛。在 2015 年 9 月 6 日的世界杯中，中国女排获得冠军。在 2016 年里约奥运会中获得冠军。在 2019 年 9 月 29 日的世界杯中，中国女排获得冠军。

（2）职业化。竞技排球运动职业化产生于 20 世纪 90 年代，在这个时期，意大利和荷兰男排职业化率先开始并成功占据了国际领先地位。以意大利排球的职业化发展为例，为了适应本国排球发展需要，排球职业俱乐部应运而生，职业俱乐部的成立促使意大利排球水平突飞猛进，尤其男排更为突出。意大利男排先后获得 2 次奥运会亚军和 3 次世界男子排球锦标赛冠军以及 6 次欧洲男子排球锦标赛冠军。在 2012 年伦敦奥运会中，意大利男排获得铜牌。意大利女排的表现也不错，2002 年获得世界锦标赛冠军，2007 年意大利女排先是夺得了欧锦赛冠军，随后又历史性地夺得了 2007 年世界杯冠军。由此可见，排球的职业化发展极大地提高了排球运动员的水平。

（3）社会化。排球运动现已成为世界三大球类运动之一，受到人们的广泛关注，现已成为社会体育运动的重要组成部分。排球运动是全民健身的重要内容，具有丰富的社会价值。如今排球运动的形式也逐渐多元化，如气排球运动、沙滩排球运动、软式排球运动等，排球运动逐渐受到人们的喜爱。

2. 娱乐排球运动再发展

排球运动最初是作为一项娱乐游戏产生的，在长期的发展过程中，人们将竞技因素融入其中，使其成为一项运动项目，并受到人们的喜爱。随着社会的发展，人们对排球运动的关注点开始由竞技性逐渐转向最初的娱乐性。20世纪80年代后，随着生产水平的提升，人们开始有了更多的闲暇时间，对体育运动的需求也逐渐增加。人们希望通过体育运动来释放自己的压力，获得身心放松，因此，排球运动开始再一次普遍出现在大众的视野中，排球运动的娱乐性特点再次得到彰显，排球运动在原有的基础上得到了进一步的发展。

从某种程度上来讲，竞技排球运动的发展也能够带动娱乐排球运动的发展。国际排联对排球比赛实施的一系列改革，增加了人们对竞技排球运动的兴趣，越来越多的人开始观看竞技排球比赛。随着人们对排球运动喜爱程度的逐渐增加，越来越多的人开始尝试接触排球运动。但是竞技排球运动需要较强的技巧，需要团队成员的共同协作才能实现，这增加了人们参与的难度。因此，人们对竞技排球运动的规则进行了调整，经过长期的探索研究，产生了沙滩排球运动等多种形式的娱乐性较强的排球运动。娱乐排球运动的再发展标志着排球运动进入娱乐排球运动和竞技排球运动共同发展的新发展阶段。

第二节　排球运动的发展概况

一、排球运动的发展动因

（一）社会发展与科技进步

体育与社会经济之间的关系较为密切，社会在发展过程中提供的稳固经济基础能够为排球运动的发展提供强有力的保障，科技的进步能够促进排球运动的发展，这两部分对排球运动的发展具有十分重要的影响，具体内容如下。

1. 社会发展

社会发展方面的表现是许多新理论、新方法在排球运动研究中的使用。值得一提的是，有很多科研成果在促进世界排球运动发展方面起到了非常重要的作用，做出了巨大的贡献。例如，意大利的男排主教练，在先进的训练理论和实践的基础上提出了非常重要的指导思想，即排球场上没有防不起的球，同时也提出了针对重扣防守的有效方法。在这些指导思想和方法的指导下，意大利男排自 1989 年以来排名始终保持在世界前列，并多次获得冠军。

2. 科技进步

在科技进步方面，古巴取得了显著的成果，提出并总结了科学且能够快速提高运动员身体素质的方法，提高运动员的腰腹力量以及快速的挥臂能力和卓越的弹跳能力。后来，随着人们生活水平的提高和闲暇时间的增加，人们对体育运动的需求逐渐增加。观看排球比赛已经无法满足人们的需求，人们开始参与到排球运动中，进行娱乐健身，各种形式的娱乐排球运动也应运而生。科研人员在排球运动方面所取得的科研成果为人们参与排球运动提供了条件，促进了排球运动的发展。

（二）转变防守观念

自从将传球与扣球技术分开之后，人们就把排球运动中运动员在网前跳起后，将球扣到对方场区的技术视为向对方进攻。

一开始，人们对于排球运动的进攻观念是通过"中、边一二"战术的形式来形成两个不同的进攻点，以此对对方造成威胁。之后随着拦网技术的出现，人们开始意识到只有将对方的拦网动作规避开来，才能将扣球的效果更好地发挥出来。后来，人们对于扣球线路的认识多了起来，包括扣直线、扣斜线、扣高弧线等球。个人扣球技术也随之产生，如转体、转腕扣球等。20世纪70年代，随着排球运动员身高的增长及弹跳能力的提高，人们逐渐认识到仅仅将进攻局限于点、线是不够的，在此基础上人们的进攻观念也开始朝着充分利用网长的整个垂面进攻的方向转变。在当时，高球与快球、集中与拉开、时间差与位置差等战术的运用，使得扣球形成了一个"面"，但就当时的进攻观念来说，仍然无法摆脱拦网的威胁。

在此之后，人们的进攻观念从网前向场地的纵深迁移，相继出现了远网扣球、跳发球等，这充分说明，排球运动的进攻区域已经从网前扩大到整个场地。此外，排球比赛也逐渐将拦网和发球作为进攻的手段和形式。现代竞技排球运动已经从"插上"和"中、边一二"的进攻形式中摆脱出来。在排球比赛中，主攻和副攻之间的分工越来越细化，主攻常常打快攻，副攻主要是参与后排进攻和强攻。排球比赛场上的主要得分手段是两翼队员的前后排跑动进攻。

从某种程度来说，广大群众对于排球运动进攻观念的积极转变也加快了排球运动防守观念的转变速度。在点、线、面的进攻时代，防守主要是在固定位置，以低姿的单、双臂击球的各种救球动作，在"边跟进""心跟进"防守阵型的位置分工下进行的。当排球进攻战术进入全方位立体进攻时代，在防守方面，人们的观念也发生了很大的变化，首先是将过去采用固定位置被动等待的防守转变为积极的出击型防守，并将固定位置分工的防守模式转变为动态型、变换型、针对型以及全方位的防守模式，并和拦网整体配合。

（三）修改竞赛规则

在排球运动由娱乐性游戏向着竞技性运动不断发展的过程中，排球比赛规则的不断增补和修改在其中起到了非常重要的作用，使得排球运动向着更加理想、更加科学的方向发展。

在规则增补和修改的最初阶段，其目的是能够更好地适应排球技术、战术的发展，并维护好排球运动的特性。后来，随着传球和扣球技术的不断分化，在排球规则中也相应地增补了有关发球、传球和扣球等技术的概念。而在规则中规定在场地上设置中线，实质上就是为了更好地适应拦网技术和扣球技术的发展。1977年，排球规则规定允许拦网后击球3次以及将标志杆内移，这使得快速反攻技术得以形成和发展。20世纪80年代后，人们开始重新认识修改排球规则的原则，针对攻防平衡的认识，认为不能对进攻技术的发展进行消极的限制，而是要对防守技术的发展给予积极鼓励。因此，在此基础上，对排球比赛中第一次击球的连击判罚有了适当放宽。之后，也对比赛用球的球内气压进行减小，以此来降低球的速度，便于防守。由此，全方位的防守技术随之出现。从用手臂来进行击挡，到膝关节以上身体的任何部位都可以进行击挡，再到击球动作的出现，这使排球运动防守的控制范围不断扩大。这也为由固定位置的等待式防守转变为有预判的出击式防守创造了先决条件，同时也更好地促进了后摆防守与前排拦网的针对性配合，从而大大提高了防守的质量，促使防守阵型产生了质的变化。1999 年，国际排联把"自由防守人"纳入规则之中，这对接发球和加强后排防守十分有利。

伴随着社会经济与体育的迅猛发展，借助电视传播等传媒，使得排球运动向着社会化和商业化的方向发展。人们开始意识到，只有修改排球运动的规则，才有利于电视转播，将排球运动更好地推向市场。1992 年，技术暂停写入规则，规定每组比赛都有两次技术暂停时间，这是为了更好地适应赞助商播放广告的需要。此外，为了更有利于电视转播排球比赛，国际排联在1997—1998 年，开始试行各种竞赛制度的修改方案，将发球权得分制改为每球得分制，从而使比赛时间的可控性得到加强。

由此可见，对排球运动规则的修改，在一定程度上也推动了排球运动的发展，使排球运动的相关内容更加完善，逐渐演变为一项广泛普及的运动项目。

（四）改革管理体制

要想促进排球运动的快速发展，需要将排球运动与市场结合起来，将排球运动融入社会，实现排球运动的职业化发展，同时这也是世界排球界的主要发展趋势。排球竞赛的出现，一方面提高了人们对排球运动的兴趣，吸引了大量的观众；另一方面还能创造出极大的经济利益。世界男排联赛和世界女排大奖赛的商业性较强，对参赛队伍有较强的要求，凡是参赛的队伍，最终根据比赛的成绩可以获得数额不等的奖金。随着排球比赛的商业化发展，排球队伍的管理体制也随之发生了较大的变化，新的管理体制旨在充分发挥每位球员的潜力。在职业化训练中，每位球员都可以有自己的绝技，在比赛过程中力求充分调动每位球员的积极性，排球运动的技术水平和战术水平得到了极大提升。

二、排球运动的发展现状

近年来，我国的排球发展取得了较好的成效，以下将从排球运动技战术发展、排球俱乐部发展、排球运动队伍建设三个方面对我国目前排球运动的发展现状进行分析，具体内容如下。

（一）排球运动技战术发展

作为球类运动的一种，排球运动具有较强的竞技性和技巧性。随着人类社会的发展，参与排球运动的人们逐渐增加，排球运动得到了极大的发展，其规则和技战术也随之发生了变化。现如今，随着竞技排球运动的发展，其战术和技巧开始受到更多人的重视，排球球员迫切需要更为全面、快速和准确的战术。对于排球团队来讲，攻防全面的球员是必不可少的。

现代排球队伍呈现进攻和防守的全面协调发展的趋势。在排球战术方面，快速多变的战术成为主流，赛场技术动作要迅速，串联配合节奏要快速，同时还要依照对手和自身的特征灵活转变战术，使得对方处于无从适应的状态，进而在比赛场上掌握主动权。快速多变同样体现在后排队员的进攻速度上，只有这样才能使前后排达到相互配合、快中多变、变中求快的预期目标，最终提升队伍的攻守能力。

（二）排球俱乐部发展

排球俱乐部是排球运动的一种组织形式，其产生的目的是观赏和实践排球运动。2001年7月30日，中国排球协会第六次会员代表大会第二次全体会议通过的《中国排球协会章程》中明确，"凡按照《中国排球协会关于排球俱乐部管理暂行规定》建立的拥有职业排球队的俱乐部，经中国排球协会批准并注册后，即成为中国排球协会会员俱乐部；凡会员协会及其所属组织按规定审批注册的群众性排球俱乐部，在向本会正式履行备案手续以后，即自然成为中国排球协会基层会员俱乐部组织"。

在我国成立排球俱乐部需要考虑两个条件，即外部条件和内部条件。外部条件就是我国的社会环境，在国家政策的引导下，我国的经济发展取得了明显的成效，体育产业与市场经济的结合在部分城市取得了较好的成果，体育资源得以充分利用和开发，我国的体育运动呈现出体育社会化的发展趋势。内部条件是指排球俱乐部的成立必备的两个条件，即人才和资金，只有这样才能维持排球俱乐部的正常运转。此外，排球俱乐部还要注重人才培养工作，积极承担其应当承担的义务，与运动员和教练签订合同书，促进排球俱乐部长远、稳定的发展，推动我国排球事业的进步与发展。现如今，我国排球俱乐部的发展主要分为两个部分的内容，即职业化转变和不断完善排球俱乐部的管理，具体内容如下。

1. 职业化转变

排球俱乐部的职业化转变具有多层含义，主要为：第一，排球运动向职业化转变的首要条件是经济的发展，只有在经济发展到一定程度的情况下，作为竞技表演的排球运动才会获得长期稳定的发展，逐步向职业化发展；第二，排球俱乐部的发展要遵循市场的发展规律，排球运动作为能够产生经济效益的活动之一，是市场中的一个主体，因此，排球俱乐部的职业化发展需要和市场的发展规律相适应；第三，排球俱乐部的职业化发展需要更多的专业人才，从而提高团队成员的技术水平，进而提高整个团队在排球比赛中的技术水平，使其获得更多的支持；第四，排球俱乐部的主要内容是发展排球运动，排球俱乐部的职业化发展能够促进排球运动的发展，扩大排球运动的收益。

随着世界排球运动的职业化发展，如今职业排球俱乐部成为职业排球的重要承载形式，职业排球俱乐部只有在排球的职业化发展中才能获得长远的发展。目前，我国的排球职业化发展还有很大的发展空间，需要采用多种方式，拓宽职业排球的发展方向，促进职业排球的进一步发展。

2. 不断完善排球俱乐部的管理

现阶段，随着我国排球俱乐部的发展与完善，排球俱乐部的管理也逐渐相对完善，主要表现为：首先，运动员的管理和培养更为全面，专业运动员的培养不是一朝一夕就可以实现的，需要花费大量的时间和精力，采用科学的方式提高运动员的技术水平，对运动员进行长期科学的训练，在训练过程中不断对运动员的行为进行规范，使运动员的技术水平不断提升。在运动员的培养过程中应避免使用模式化的培养方式，规定运动员做什么和不做什么，而是应培养运动员的独立思考意识，使运动员从根本上树立竞争意识。其次，运动员的后勤保障更为合理，一方面，运动员的报酬标准更为合理；另一方面，运动员的心理素质和身体素质也朝着更好的趋势发展。如今的排球运动员不仅具有较高的技术水平，其心理素质和身体素质水平也相对较高。此外，多数排球俱乐部配有专门的医疗机构，以保障运动员的安全以及比赛的顺利进行。

目前，我国排球运动员的管理制度正在不断完善，促进了我国排球俱乐部的顺利发展。此外，还要加强对排球教练的管理力度，一方面，教练要持证上岗，这是聘请教练的前提条件；另一方面，教练要不断地提升自身的技术水平，积极主动地学习该领域内先进的理论知识，不断提升自身的综合素质。

（三）排球运动队伍建设

1. 教练队伍建设

排球教练是整个排球队伍的灵魂，教练的数量和技术水平直接影响着运动员的运动水平，排球教练所带排球队伍使用技战术的能力和创新水平与教练的水平有直接关系。目前，我国的排球教练的来源主要有两个：一是退役的优秀运动员，二是体育高校排球专业的运动员。

无论是退役的优秀运动员，还是体育高校排球专业的运动员，作为排球教练，都应不断学习新知识，丰富自己的知识储备，提高自身的综合素养，充分发挥自身排球教练的作用。

通过对世界上多数水平较高的排球队伍进行分析可以发现，教练在排球队伍中发挥着重要作用。

2. 运动员队伍建设

我国排球运动员相对较为年轻，因此在一些方面不够成熟，并且我国男子排球队伍和女子排球队伍之间的差别较大，还存在着很大的发展空间。

三、排球运动的发展策略

（一）科学选取人才

随着我国排球运动的科学化发展，应制定符合排球运动的人才选取标准和评价标准，提高人才选取的科学性。高校与教练员一定要严格按照选才指标合理选才，避免只靠主观经验与熟人推荐等选才方式，以提高排球后备人才的培养。

（二）提高教练的专业水平

在如今快速发展的社会环境中，信息在不断地更新和发展，排球的技能、战术信息也在不断地更新和发展。因此，排球教练应重视和保持自身的学习，努力掌握最新的技术，只有这样，才能提高自身的技术水平，在教学生时才会不盲目。此外，高校以及俱乐部还要加强教练的人员流动，提高教练的综合素质，使教练在不同岗位中学到新的知识，完善自己的知识体系，改善自己的教学方法。加强教练的岗位考核和培训，促进教练之间的交流与沟通，定期对教练进行培训，选出其中优秀的教练到专业高校进修学习。高校和俱乐部应采取各种形式来提高教练学习的积极性，不断提高教练的专业水平和综合素质。

（三）提高运动员的综合素质

近年来，人才是提高排球运动水平的关键因素。这就要求教练和运动员具有多向思维能力，借助当下先进的训练方法，不断提高运动员的综合素质和技术水平，积极向其他队伍学习，缩小我国排球水平与其他国家之间的差距。

（四）重视文化知识学习

排球运动作为一项世界范围内的运动项目，运动员在发展的过程中势必会参与国际的运动赛事。在国际赛事中，运动员作为一个国家的代表，不仅对其技术水平有一定的要求，对其综合素质也有一定的要求。因此，不仅要注重运动员的专业技能培养，还要注重其文化知识的积累，提高其综合素质。对运动员的培养，应同时重视专业技能培养和文化知识积累，为运动员的发展制定全面的规划，让其认识到文化知识学习的重要性，变被动学习为主动学习，激发运动员的学习兴趣。

（五）合理安排退役运动员

随着我国体育改革的深入以及劳动人事制度的改革，我国退役运动员的安置有一定难度。针对这种情况，应对我国的退役运动员进行分析，确定其文化程度和就业意向，建立对应的培训机构，开设各种技能培训班，培养退役人员的技术水平，拓宽其就业渠道。此外，国家有关部门还应完善相关制度，保障退役运动员的合法权益。

（六）加快体育产业化发展

现阶段，中国职业排球市场与世界上一些发达国家相比还有较大差距，其主要表现在：经营人才严重缺乏且结构不合理，从事竞技、培训的人才多，而经营管理方面的人才少，一些体育中介组织更是少之又少，体育经纪人人才不足；排球职业市场体系尚未形成；有关排球的产业法规与市场规范不健全；名牌产品空白，作为产业发展的支柱性产品极少。为此，应尽快发展我国排球经纪人队伍，以便通过他们的作用，不断提高我国排球运动的职业化水平。

四、排球运动的发展趋势

（一）职业化发展趋势

现如今，我国多数排球俱乐部的主要发展趋势是由事业型单位转制为企业，部分运动员已经从竞技训练及竞赛工作中脱离出来，转换为自身职业，排球运动呈现出职业化发展。其主要表现在两个方面：一方面是社会企业的直接参与，另一方面是竞技排球俱乐部体制的建立。在如今的社会主义经济发展中，排球运动的职业化发展是排球运动发展的必然趋势。通过参与比赛，排球运动员能够获得相应的报酬，这在一定程度上会激发排球运动员投身排球事业的积极性。在这种情况下，势必会增强排球运动的观赏性，所吸引的观众和球迷也就更多，所能带来的经济效益也就更多。

（二）市场化发展趋势

在如今社会市场化以及排球运动市场化的发展趋势下，中国排球运动要想获得长远的发展，需要紧跟社会的发展变化，遵循市场的发展规律。目前，我国排球运动的大体情况为投资力度大，获得成绩的周期较长，需要很长时间才能产生收益，从而抑制了我国排球运动的发展。在这种情况下，需要对我国排球运动进行一定的调整，提高其观赏性，大力开展竞技排球运动，宣传排球赛事，提高排球比赛的商业价值。因此，我国排球运动的市场化发展是排球运动发展的必然趋势，不仅能够促进我国排球事业的发展，还顺应了世界排球运动的发展。

目前，我国排球运动的市场化发展已经取得了一定的成效，但是在其发展过程中还存在需要解决的问题，主要有：第一，管理理念的局限性，过于关注独立的比赛，而忽视了整体的宏观把控；第二，体制具有一定的局限性，其运营制度还不完善，在市场化发展的过程中缺乏正确的引导；第三，对赛事的宣传不到位，民众关注程度较低。因此，为促进我国排球运动市场化发展的顺利进行，应积极调动各方面的力量，为我国排球运动的市场化发展提供保障。

（三）可持续发展趋势

我国倡导可持续发展理念，在这种社会背景下，排球运动也开始走可持续发展道路。排球运动可持续发展的根本目的是实现在时间维度和质量维度方面能够紧跟中国的发展步伐，满足人们的排球运动需求。

排球运动的可持续发展是指排球运动在发展的过程中不受外界环境因素的影响，具备独特的层次逻辑和结构系统。我国大力开展体育运动的根本目的是提高国民的综合素质水平，推动社会的精神文明建设和物质文明建设。排球作为体育运动中的一部分，其发展要与我国体育运动的发展相适宜，力求实现排球运动的可持续发展。为实现我国体育运动的可持续发展，体育运动开始向产业化和社会化方向发展，排球运动也应顺应这一潮流。除此之外，人才也是影响排球运动可持续发展的重要因素，高校通过对相关人员的专业培养和训练，为排球事业提供人才，也能有效促进我国排球事业的可持续发展。

（四）娱乐性发展趋势

在体育经济蓬勃发展以及社会对体育运动更加关注的社会环境下，排球运动也得到了快速的发展。但是由于专业排球运动需要较高的专业技巧，具有较强的对抗性，人们学习的难度较大，有时人们在进行排球运动时捡球的时间比玩球的时间还要多，长此以往，人们参与排球运动的自信心受到打击，参与排球运动的积极性逐渐下降，排球运动的普及受到了一定的影响。在这种情况下，娱乐性排球运动应运而生。娱乐性排球运动减少了竞技性，在保证其健身功能的前提下，还具有休闲、社交、娱乐等价值，而且娱乐性排球运动对场地设施的要求较低，只需要一个有网的场地、一个排球即可，其动作也较为简单，便于广大群众学习，成为如今广大群众开展娱乐活动的选择之一，也成为广大群众喜欢的球类运动之一。

第三节 排球运动组织与赛事

一、排球运动的重要组织机构

（一）国际排联

国际排联成立于 1947 年 4 月 14 日，地点在法国巴黎，这是一个国际性组织，主要负责对世界各国排球运动进行指导。其宗旨为：在全世界开展和普及排球运动，对国际排球竞赛活动进行组织和协调。

国际排联的主要机构有代表大会、理事会等。其中代表大会是国际排联的最高权力机构，每两年举行一次代表大会。

由国际排联举办的重大排球赛事主要有世界排球锦标赛、世界杯排球赛、奥运会排球赛、世界青年排球锦标赛等。

（二）亚洲排球联合会

亚洲排球联合会于 1964 年成立，该组织机构的总部所在地为日本东京。其宗旨为推动亚洲排球运动发展；对会员协会举办国际比赛给予指导和协助；对新成立的国家排联加入国际排联给予协助；推动各会员国的沟通和交流。

亚洲排球联合会举办的赛事主要有奥运会排球预选赛、亚洲排球锦标赛、亚洲青年排球锦标赛。

（三）中国排球协会

中国排球协会的简称是中国排协，成立时间是 1953 年，协会地址在北京。1954 年中国排球协会加入国际排联。该协会的主要任务为：组织全国性排球比赛；推动群众性排球运动的开展；加强与国际排联、亚洲排球联合会及其所属机构的联系，参与国际排球交流；对中国排球队的训练、竞赛、科研等进行检查与指导；对国家排球队和国家青年队运动员和教练员进行选拔，并对等级称号做出评定；组织排球教练员、裁判员进修学习；主持国家级排球裁判员的考试工作；对全国排球规则及裁判法进行修订。

二、排球运动中的重大赛事

（一）国际大型排球比赛

1. 世界排球锦标赛

世界排球锦标赛是排球运动中极为重要的国际赛事，它不仅是排球最早的世界性比赛，也是规模较大的国际排球赛事之一。布拉格是第 1 届世界男排锦标赛的举行地，时间为 1949 年。莫斯科是第 1 届世界女排锦标赛的举行地，时间为 1952 年。以后世界男排、女排锦标赛都是每四年举行一届，与奥运会穿插进行。各国都可以申请参加世界排球锦标赛，没有洲际队数限制，但从 1986 年开始，国际排联对世界锦标赛的参加队数进行了限定，要求不能超过 16 个。确定参赛队的方法是，东道国代表队和上届锦标赛中获得前 7 名的队直接获得参赛资格，五大洲锦标赛的冠军队也可直接参赛。在国际排联组织的资格预定赛中会产生最后 3 个参赛名额。

2. 世界杯排球赛

第 1 届男排世界杯赛于 1965 年举行，地点在华沙。第 1 届女排世界杯赛于 1973 年举行，地点在蒙得维的亚。以后男排、女排世界杯赛都是每四年举行一届。从 1977 年开始，日本被国际排联批准为世界杯赛的固定举办地。参加世界杯赛的队伍有数量限定，不能超过 12 个，东道国代表队、上届世锦赛冠军队和各洲锦标赛的前两名队伍均可获得参加世界杯赛的资格。

3. 奥运会排球赛

奥运会中与排球相关的比赛主要分为室内排球赛、沙滩排球赛以及残奥会中的坐式排球赛。

正式将排球比赛列入奥运会比赛项目是在第 18 届奥运会上（1964 年）。东道国队、上一届奥运会的冠军队、上一届世界杯冠军队和五大洲锦标赛的冠军队均可直接参加奥运会排球赛。

正式将沙滩排球列入奥运会比赛项目是在第 26 届奥运会上（1996 年）。参加奥运会沙滩排球赛的男、女队伍都是 24 支，每队 2 名球员。

正式将男子坐式排球列为残奥会比赛项目是在第 6 届残奥会上（1980 年）；正式将女子坐式排球列为残奥会比赛项目是在第 12 届残奥会上（2004 年）。

4. 世界青年排球锦标赛

1977 年，第 1 届世界青年排球锦标赛举行，地点在巴西里约热内卢。之后由每四年举行一届改为每两年举行一届。参与世界青年锦标赛的队员年龄最大为 20 岁，不能超过这个年龄。东道国代表队、上一届世界青年锦标赛的冠军队和各洲青年锦标赛的前 2～3 名均可获得参赛资格。

5. 世界男排联赛和世界女排大奖赛

世界男排联赛和世界女排大奖赛属于商业性大赛，国际排联是举办这两项赛事的主要机构。1990 年举办第 1 届世界男排联赛，每年一次，采用主、客场制。1993 年举办第 1 届世界女排大奖赛，每年一次，采用巡回赛。这两项重要赛事极具商业色彩，所以国际排联会以"专门硬件"来严格审查申请报名参赛的队伍。申请报名参赛队的主场所在地要达到一定的要求。

6. 世界沙滩排球锦标赛

1997 年，世界沙滩排球大奖赛改名为世界沙滩排球锦标赛。世界沙滩排球锦标赛是沙滩排球领域内的重要国际赛事。它是运动员们展示技艺的舞台，也是沙滩排球爱好者期待的盛事。通过这样的国际赛事，沙滩排球这项运动得以在全球范围内推广和发展。

（二）国内大型排球比赛

国内大型排球比赛主要有中国排球超级联赛、全国排球锦标赛、全国运动会排球赛、全国城市运动会排球赛等。

中国排球超级联赛由中国排球协会主办，是国内最高级别的排球职业联赛，每年举行一次；全国排球锦标赛是中国排球运动的重要赛事之一，也是由中国排球协会主办；全国运动会排球赛是一项综合运动会，主要对各省市体育运动水平进行检验，每四年举行一次；全国城市运动会排球赛的举办周期与全国城市运动会是一致的，都是每四年举行一次，主要对各省市体育后备人才的运动水平进行检验。

第二章 高校排球运动教学开展的学科基础

第一节 运动生理学基础

一、运动负荷

(一)运动负荷的本质

运动负荷就是根据实际情况,设定练习的基本方式,在此基础上实现对机体的有效刺激。机体对这种刺激会做出一定的反应,表现为生理和心理方面。本部分所讲的运动负荷主要是指生理上的负荷,是机体所能承受的运动刺激。运动负荷的强烈刺激会使人产生一定程度的生理反应。运动负荷量可以用相关生物化学的指标来衡量。运动负荷的外部表现为运动量和运动强度,其内部表现则为心率、血压、血乳酸等生理机能指标的变化。运动负荷越大,刺激强度则越大,机体出现反应的程度也越大,各项生理指标出现明显变化。

(二)运动负荷的机体反应

当人体受到运动负荷的刺激时,人体的系统和部分器官会产生一定的反应,通常表现为耐受、疲劳、恢复、超量恢复和消退等。在体育课堂中,学生在课堂上需要做一定的运动训练,在通常情况下,一节训练课就会引起学生的身体机能变化并表现出一定的特征。

1. 耐受

当排球运动员参与训练时，运动会给运动员的身体带来一定的负荷刺激，而运动员在长期的体能训练中逐渐形成了一定的应对这种负荷刺激的耐受能力。影响这种耐受能力强弱的因素主要有运动负荷强度的大小、运动员的训练水平。运动员在身体耐受阶段，往往能表现出较为稳定的训练状态，能高质量地完成训练任务，因此，训练课的主要任务可安排设置在这一阶段。运动负荷的耐受能力具有较强的个体差异性，受到多种因素的影响，如训练负荷的量和强度、训练后机体机能的恢复程度及运动员的身体机能状态等，不同的运动员会表现出不同的耐受能力。

2. 疲劳

疲劳是指机体受到一定的运动负荷刺激后，其机能和速率的降低给机体带来的感受。适当训练时间所产生的疲劳，有助于提高运动员的运动水平。在排球运动员的训练过程中，应根据训练的主要目的，确定训练的时间，使运动员达到一定程度的疲劳，获得预期的恢复效果。

3. 恢复

当排球运动员结束训练后，需要通过饮食来补充自己在训练过程中消耗的能量，身体在得到营养的补充后，修复因能量的耗费而引起紊乱的内部环境，使机体的各部分系统逐渐恢复到训练前的状态，从而实现机体内部结构的重建。决定机体恢复时间的主要因素是机体的疲劳程度，通常情况下，当机体的疲劳程度增加时，其恢复时间通常会相应增加；当机体的疲劳程度减少时，其恢复时间通常会相应缩短。

4. 超量恢复

在排球运动中，超量恢复指的是排球运动员在经历了一段时间的高强度训练后，通过适当的休息和恢复措施，身体的某些功能或能力不仅恢复到了训练前的水平，甚至超出了原有水平。

5. 消退

在排球运动中，运动员通过训练所获得提升的能力不会一直存在，如果没有及时利用这些超量恢复，没有在此基础上提高自身的运动负荷，获取新的运动刺激，那么运动员在运动训练中提升的运动能力将会在一定时间后恢复到训练之前的水平，这就是运动负荷刺激适应的消退。要想实现排球运动效果的提升，发挥运动训练的最大效果，就需要在超量恢复的基础上，及时加大下次运动的训练量并努力完成。

（三）机体适应与训练效果

1. 机体适应

在生物学中，生物机体的基本特征有应激性和适应性。对于外界的变化，机体不仅会产生刺激反应能力，更重要的是会产生对应的适应能力。对于运动负荷刺激，机体同样也会产生一定的适应能力。人们在长期的运动中受运动负荷刺激的影响，其身体结构和生理机能等方面会因适应体育训练强度而发生变化，如肌肉增长、肌纤维增粗等，这都是机体为适应长期运动负荷的刺激而产生的一系列变化。

2. 训练效果

在排球运动中，运动员参加运动训练的主要目的是通过相关的训练，给身体一定的负荷刺激，使训练者在身体形态、生理功能等方面为适应负荷刺激而发生一系列的变化，从而提升运动员的运动能力。在这一过程中，运动员自身产生的适应性变化就是负荷运动的训练效果。将运动负荷运用在排球运动训练中，具有较强的优势。运动员在结束排球训练，经过一段时间的恢复后，所消耗的能量得到了恢复，同时还有可能发生超量恢复；在运动过程中受到伤害的肌纤维不但得到了修复，而且其力量还得到了提升。因此，运动员在排球训练中既有结构重建，即改善机体结构，又有机能重建，即提高机体机能。

在长期的排球运动训练中，运动员的机体会反复呈现出"刺激—反应—适应"的变化过程，这是机体对运动负荷所产生的刺激由不适应逐渐转换为适应的发展过程，同时也是运动员的身体结构和机能在破坏和重建中不断发展的过程。在经过这些过程后，运动员的体能水平往往会得到大幅的提升。

3. 运动负荷阈

在排球运动过程中，机体承受的生理负荷是对机体的有效刺激，是引起各器官系统功能产生适应性变化的直接因素。但刺激引起机体出现反应与适应的程度与刺激强度的大小有关。运动负荷过小，不足以给机体带来足够的刺激，很难引起机体的适应性变化；运动负荷过大，给机体带来超出承受范围的刺激，不仅不能提高适应能力，反而会伤害运动员的身心健康，甚至出现运动损伤，并且可能发生过度训练或过度疲劳等病理性改变，导致不良后果。因为机体对不适宜的刺激也能发生适应性改变，但其适应的结果往往是消极的，不是运动员所希望看到的。因此，只有在生理范围内的适宜刺激，才能加快机体适应，并使机体的形态、结构与生理机能产生运动员希望出现的良性适应，要注意的是应结合运动员自身情况制定训练量和训练强度，并非训练量越大训练效果越好。运动负荷阈是指校园排球课程教学中适宜运动员生理负荷的低限至高限的范围。运动练习的强度、持续时间、练习密度和数量是构成运动负荷阈的四个基本因素。这四个基本因素之间存在相互联系、相互作用的关系，当其他因素大体相同时，四个基本因素中的任何一个发生变化，都会影响这次练习给机体带来的生理负荷量。

二、影响体能训练的生理学因素

（一）速度素质训练

在排球运动中，运动员的速度素质主要由反应速度、动作速度和移动速度三部分组成，因此，要研究速度素质训练的生理学因素时，应从这三方面内容着手来进行研究，具体内容如下。

1. 反应速度

影响反应速度的因素有很多，其生理学因素主要有中枢神经的兴奋状态、反射活动的复杂程度、接收信号的刺激强度、注意力集中度、遗传因素等，具体内容如下。

（1）中枢神经的兴奋状态。运动员中枢神经的兴奋状态直接影响着机体的反应速度，如果机体的兴奋程度越高，那么其反应速度也就越快；如果机体的兴奋程度较低或是运动员处于疲劳状态，那么其反应速度就会下降。

（2）反射活动的复杂程度。反射活动的复杂程度决定反应时的长短，对机体的反应速度也会产生重要的影响。反应时是机体接受刺激与做出肌肉动作之间的应答时间。反应时的长短主要取决于感受器的敏感度、中枢信息加工时间以及效应器的兴奋性。

（3）接收信号的刺激强度。机体所接收信号的刺激强度会直接影响着机体的反应速度，机体所接收的信号的刺激强度越大，所做出的反应速度也就越快。

（4）注意力集中度。机体的注意力集中度对其反应速度具有十分重要的影响。如果机体的注意力集中度越高，那么其反应速度也就越快，反之，如果机体的注意力集中度较低，那么其反应速度就会相应减慢。

（5）遗传因素。遗传因素对机体的反应速度有较大影响。

2. 动作速度与移动速度

在排球运动中，影响其运动速度与移动速度的生理学因素主要有身体形态和发育状况、能量供应、肌肉力量、快肌纤维百分比、神经系统的功能特点、遗传因素等，具体内容如下。

（1）身体形态和发育状况。运动员的身体形态和发育状况与其速度素质之间的关系较为紧密，对其产生重要的影响。其中对运动员的速度素质具有重要影响的因素是运动员的四肢长度。一般条件下，运动员的四肢长度与其运动速度之间是成正比例的。人们在运动时，肢体是围绕关节轴进行各种转动的，如果运动员的手脚离关节轴之间的距离越远，其运动速度也就越快。

（2）能量供应。在校园排球课程教学中，人体肌肉收缩速度受以下几项因素的影响比较显著：①肌纤维中动用化学能的速度与强度；②兴奋从神经向肌肉传导的速度与强度；③机体化学能转变为收缩机械能的速度与强度；④机体释放和分解三磷酸腺苷（ATP）的数量与速度。

（3）肌肉力量。肌肉力量决定了产生力量的能力，从而影响动作的速度。肌肉力量越强大，产生的力量越大，动作的速度就越快。肌肉力量也影响移动速度。当进行快速移动时，需要强大的肌肉力量来产生足够的加速度。排球运动员需要强大的肌肉力量来产生大的推力和加速度，以便在训练中或比赛中取得良好成绩。

（4）快肌纤维百分比。快肌纤维百分比对运动表现有一定影响，快肌纤维百分比越高的人，其机体的快速运动能力也就越强。

（5）神经系统的功能特点。神经系统可以有效支配与控制肌肉活动。运动生理学指出，人体完成不同形式的快速运动都是在神经中枢活动高度协调的支配作用下完成的，也可以理解为机体在支配作用下表现出的动作速度与移动速度。提高神经中枢活动的协调度，能保证运动员在提高动作速度和移动速度的过程中，促进机体迅速组织必要的肌肉协作参与活动，抑制对抗肌（肌肉内部的阻力）的消极影响，从而表现出较快的运动速度。

（6）遗传因素。在影响排球运动员动作速度和移动速度的众多生理因素中，遗传因素也发挥着重要的作用。

（二）力量素质训练

影响排球运动员力量素质训练的生理学因素主要包括最大肌肉横断面积、肌肉初长度、肌纤维类型、神经因素，以及性别、年龄、激素等多方面因素。运动员在进行力量素质训练时，应从这些影响因素入手，开展对应的训练，其中应注意以下几点内容。

1. 最大肌肉横断面积

最大肌肉横断面积是指将某块肌肉中的所有肌纤维横切，以此获取的横断面面积就是最大肌肉横断面积，通常情况下使用平方厘米（cm^2）表示，肌肉横断面积主要是由肌肉中肌纤维的数量和粗细决定的。相关生理学研究表明，人体每平方厘米横断面积的肌肉能够产生 3~8 千克的肌肉力量。在排球运动中，运动员可以通过相关的力量训练增加肌肉横断面积，实现肌肉力量的提升。

2. 肌肉初长度

运动员的肌力大小与肌肉收缩前的初长度有密切的关系，二者成正比例关系。通常情况下，肌肉收缩前的初长度越长，肌肉收缩的张力及缩短的程度越大。对于排球运动训练而言，肌肉初长度对运动员各项动作的发挥情况有显著作用。

3. 肌纤维类型

依据肌肉的收缩特性进行分类，肌纤维可分为快肌和慢肌两种类型。二者相比，快肌产生的收缩力更大。因此，运动员的骨骼肌中快肌纤维百分比高、横断面积大、直径大，则肌肉收缩力量大；反之则肌肉收缩力量小。

4. 神经因素

在人体复杂的身体结构中，影响神经的因素主要有中枢驱动、神经中枢对肌肉工作的协调及控制能力、中枢神经系统的兴奋状态等，具体内容如下。

（1）中枢驱动。中枢驱动是指人体中枢神经系统动员肌纤维参加收缩的能力。在运动员的体能训练中，其参与运动的肌纤维数量直接影响着运动员在运动中的肌肉收缩能力，但是运动员在体能训练中，并不是所有的肌纤维都能参与最大用力收缩，不同的运动员由于其身体素质、训练时间、训练强度等因素，会表现出不同的肌肉收缩能力。对于缺乏训练的运动员来讲，参与肌肉收缩活动的肌纤维量为60%；对于经常训练的优秀运动员来讲，参与肌肉收缩活动的肌纤维量为90%以上。中枢驱动的作用对于运动员的表现至关重要。通过适当的力量训练，运动员可以提升自己的中枢驱动能力，进而在竞技中取得好成绩。

（2）神经中枢对肌肉工作的协调及控制能力。排球运动员参与排球运动，是在充分调动自身各部分肌肉共同工作的基础上实现的，各部分肌肉群是在对应的神经中枢的支配下完成有关工作的。因此，运动员在训练的过程中应注意锻炼神经中枢对肌肉工作的协调及控制能力，提高机体内各部分肌肉之间的协调能力，使各部分的肌肉与相对应的神经中枢协调合作起来，发挥肌肉群的最大力量。

（3）中枢神经系统的兴奋状态。中枢神经系统的兴奋状态会促使机体大量释放肾上腺素、乙酰胆碱等生理活性物质，进而促使肌肉力量增强。机体的神经系统功能的完善对肌肉功能的发育有重要的影响，而且适应机制在人体力量训练的不同时期表现也各不相同。

除以上几项影响力量素质训练的生理学因素之外，性别、年龄、激素等同样发挥着重要影响。

（三）耐力素质训练

在排球运动中，运动员的耐力素质受到多种因素的影响，其中能够产生较大影响的生理学因素主要有有氧耐力和无氧耐力两种，具体内容如下。

1. 有氧耐力

在运动中，影响有氧耐力的因素主要有氧运输系统的功能水平、神经系统的调节能力、骨骼肌的氧利用情况、能量供应水平、能量利用效率等，具体内容如下。

（1）氧运输系统的功能水平

人体的氧运输系统主要由呼吸系统、血液、循环系统等构成。氧运输系统的主要功能和任务是为人体的各部分活动输送氧气、营养物质以及代谢的产物等，对运动员的有氧耐力具有十分重要的影响。氧运输系统的功能水平也称为是最大氧运输能力，主要受到血液的载氧能力和心脏的泵血功能的影响。

（2）神经系统的调节能力

神经系统的调节作用对排球运动员的耐力活动能够产生重要的影响，因此，要想提高排球运动员的耐力，需要满足以下要求：首先，神经系统能够在长时间内处于兴奋状态；其次，神经系统拥有较强的抑制节律性转换能力；再次，运动中枢与内脏中枢具有较好的协调活动能力，以保持肌肉收缩和舒张的良好节律；最后，运动器官与内脏器官可以进行切实有效的配合。由此可见，从根本上改善神经系统的调节功能，有助于排球运动员的神经系统活动进一步适应耐力运动的相关需求，这是排球运动员提高耐力素质的关键性生理学基础以及原因之一。

（3）骨骼肌的氧利用情况

骨骼肌的氧利用情况对耐力素质训练也具有一定程度的影响。运动员的氧利用情况主要表现为以下几个方面。

人体的肌肉组织主要是从流经其内部的毛细血管的血液中摄取和获得氧气。实践证明，优秀的耐力项目运动员的慢肌纤维比例高，氧化酶的活性高，线粒体的数量大，毛细血管分布密度大，肌肉摄取和利用氧气的能力强。

机体在运动时，骨骼肌的氧利用能力受无氧阈的影响。以无氧阈的最大吸氧量比值为例，比值越高，肌肉的氧利用能力越强。

（4）能量供应水平

研究表明，运动员在参加耐力性运动时，机体的大部分能量都来源于机体内部肌糖原和脂肪的有氧氧化。因此，机体的肌糖原含量不足可以明显影响运动员的耐力水平，在运动前或运动过程中，通过合理训练而使机体的肌糖原储备增加、有氧氧化的能量利用效率提高、肌糖原利用节约、脂肪利用比例提高等，对提高运动员的耐力素质十分有益。

（5）能量利用效率

能量利用效率是指在单位耗氧量条件下，机体在运动中的做功能力。能量利用效率在运动员的运动训练中具有十分重要的作用，在运动员的其他机体因素相同的情况下，能量利用效率的不同会使运动员的能力素质高低呈现一定的差异，具有较高的影响率。

2. 无氧耐力

在运动中，影响无氧耐力的因素主要有骨骼肌的糖无氧酵解供能能力、肌肉对酸性物质的缓冲能力、神经系统对酸性物质的耐受能力等，具体内容如下。

（1）骨骼肌的糖无氧酵解供能能力

骨骼肌的糖无氧酵解供能能力对运动员的无氧耐力具有重要影响。肌糖原在运动中的主要作用是通过无氧酵解为机体提供能量，这也是运动中无氧耐力的主要能源的来源。

（2）肌肉对酸性物质的缓冲能力

对排球运动员而言，肌肉对酸性物质的缓冲能力影响其耐受能力。细胞内以及机体内环境的理化性质的改变会影响机体的运动能力，尤其影响机体的耐力。

在人体中，肌肉和血液中存在着缓冲酸碱物质，该物质起着保持机体内环境 pH 值稳定的作用。研究表明，提高机体的耐酸能力是提高机体的无氧耐力水平的一项有效途径，但无氧耐力训练不会直接提高排球运动员机体缓冲酸碱物质的水平，而是在训练过程中加强运动员由于酸碱物质产生的不适应感，由此使排球运动员的耐受能力得到大幅提升。

（3）神经系统对酸性物质的耐受能力

神经系统对酸性物质的耐受能力对运动员的无氧耐力素质也会产生较大的影响。人体的内部环境整体上是呈酸性的，在安静状态下，其血液的 pH 值为7.4，而骨骼肌细胞液的pH值为7.0。在运动状态下，人体的pH值会总体下降，血液的pH值也会略微下降，骨骼肌细胞液的pH值下降到6.3左右。

机体的神经系统在机体的运行发展中具有十分重要的作用，不仅能够协调运动肌的驱动，同时还能协调不同肌肉群之间的活动，因此机体的神经系统对运动员的无氧耐力水平也会产生一定的影响。据有关研究表明，人体的pH值的变化会对人的神经系统产生一定的影响，进而影响到上述两个协调功能。因而，运动员在训练的过程中，要通过科学系统的耐力训练，提高神经系统耐受能力，从而提高其对抗酸性物质的能力。

（四）柔韧素质训练

1. 肌肉组织、韧带组织的弹性

影响运动员柔韧素质的因素有很多，其中，具有较大影响的直接因素是肌肉组织、韧带组织的弹性。人们在不同年龄段，其肌肉组织和韧带组织的弹性是不同的，会随着年龄的增长和运动的训练而逐渐发生变化。此外，中枢神经也会对运动员的肌肉组织变化产生一定的影响，如果运动员的情绪状态较好，那么其身体的柔韧性也会相对较好，更能发挥自己的真实水平。

2. 神经过程转换的灵活性

神经过程转换的灵活性对运动员的柔韧素质具有十分重要的影响。人体在运动过程中，一方面，肌肉的基本张力与神经系统兴奋、抑制过程转换的灵活性有关，中枢神经系统对对抗肌间协调性的调节、中枢神经系统对肌肉紧张和放松的调节等都能有效地提高肌肉的张力；另一方面，肌肉的张力与神经过程分化抑制的发展也有密切的关系。由此可见，参与高校排球运动教学的教练员一定要高度重视针对机体神经过程转换的灵活性训练，促使排球运动员的机体柔韧性得到大幅提升。

3. 关节的柔韧性

关节的柔韧性与关节周围组织的大小密切相关。关节周围组织（肌腔、韧带等）的大小与伸展性、关节生理结构都会影响关节的柔韧性。对于运动员而言，发展关节的柔韧性主要是对限制关节活动的对抗肌施加影响，使关节的对抗肌可以主动牵拉伸展，从而减少对关节活动范围的限制，提高关的伸展度和柔韧性。

4. 性别差异

在生理学中，女子的柔韧性普遍要比男子的柔韧性好。这是因为，男子的肌纤维相对较长，强而有力，横断面积大，对关节活动范围的限制较大；女子的肌纤维细长，横断面积小，伸展性好，对关节活动范围的限制较小。因此，在柔韧素质训练过程中，应区别对待。

5. 年龄特征

柔韧性呈现出较为明显的年龄差异，不同年龄段的人们其身体柔韧性也不同，具体来讲，按照年龄段，可以将柔韧性分为以下几个阶段。

（1）0～10 岁，从自然的发展规律来看，这一阶段人体的柔韧性是最强的，随着年龄的增长，骨骼的硬度开始不断加强，其柔韧性开始逐渐下降。因此，在 10 岁之前，应适当让孩子进行柔韧素质的训练，逐步提高其柔韧性。

（2）11～12 岁，与上一阶段相比，这一阶段人体的柔韧性有一定程度的下降，相对降低。尤其是随着腿部活动的增加，左右开胯的幅度明显下降。尽管这一阶段人体的柔韧性有了一定程度的下降，但是人体具有较大的可塑性，应注意加强其肌肉柔韧性的训练，提高关节的柔韧性。

（3）13～15 岁，在这一阶段，人体骨骼的生长速度要快于肌肉的生长速度，因此，运动员的柔韧性会有一定程度的下降。在这一阶段，在开展体育训练时要注意全身的拉伸运动，但避免过度训练其柔韧性，避免拉伤肌肉。

（4）16～20 岁，在这一阶段，人体的整体发育已经基本成熟，在训练过程中可以适当增加其运动负荷和训练强度，加强基础素质训练。

三、运动训练效果的生理学评定

（一）安静状态下的生理适应特点

在长期运动的负荷刺激的作用和影响下，与运动密切相关的各器官系统如运动系统、氧运输系统和中枢神经系统产生了良好的适应性。

1. 运动系统

（1）骨骼特点

运动训练对骨骼的影响体现在骨密度方面的变化。根据不同的运动项目，结合运动员的训练水平和训练年限，骨密度呈现不同的变化特点。适宜的运动可以有效地增加峰值骨量，减缓随年龄增长而发生的骨质疏松。由于不同运动项目对骨的刺激作用不同，所以骨密度也不相同，投掷、摔跤等力量性项目的运动员骨密度最高，而耐力性项目运动员的骨密度最低。这是由于不同的运动负荷刺激对骨骼产生影响的途径不同，骨矿物质合成效应则不同。

（2）骨骼肌特点

运动训练对骨骼肌的影响主要表现在肌肉的体积增大，横断面增大，肌肉力量增加。这是由于在运动训练中，尤其是力量训练可以促进氨基酸向肌纤维内部的转运，使肌肉组织中收缩蛋白质的合成增加，从而促进肌肉增大和肌力的增长。与此同时，运动训练对机体抗氧化能力产生的作用尤为显著。肌肉抗氧化酶活性的提高也是骨骼肌运动性适应的重要生物学特征之一。运动负荷、训练状态及抗氧化剂的补充等因素可影响肌组织抗氧化能力的运动性适应。大多数研究证实，运动负荷大、训练状态良好以及抗氧化剂的外源性补充（如维生素 E、维生素 C 等）都对机体抗氧化能力具有积极的影响。

2. 氧运输系统

（1）呼吸机能特点

运动员的运动训练对呼吸机能也具有较大的影响，研究表明，运动员经过长期有规律的训练，具有较强的呼吸肌力量，其肺活量也较大，气体交换的效率要比平常人高。此外，通过专业的肺活量测试可以发现，训练有规律的运动员其呼吸肌的耐力也相对较好。闭气能力也是呼吸机能中的一部分，运动训练能够加强人们对呼吸的控制，因此，运动员的闭气时间比平常人长。

（2）血液特点

与进行普通训练的人相比，除部分特殊项目运动员的血液指标会有一定程度的变化外，多数项目运动员的血液成分并没有特殊的变化。

（3）循环机能特点

运动能够影响人们的心脏形态结构和心血管机能，主要表现为，经过长期运动的运动员与普通人相比，其在安静状态下的心率较为缓慢，心脏的功能水平较高，循环机能较强。一般情况下，经过长时间规律的耐力训练之后，运动员在安静情况下的心率只有每分钟 40 ~ 50 次，甚至更低。除心率有一定的变化外，运动员的心脏还会呈现出运动性心脏增大的特点。在所有的运动项目中，出现心脏增大的运动员多为力量性和耐力性的运动员，其中心肌肥厚多为力量性运动员，心脏容积增大多为耐力性运动员。

3. 中枢神经系统

系统运动训练能够对排球运动员中枢神经系统机能产生积极作用，同时有助于运动员各项感觉器官的机能获得有效增强。

（二）运动和恢复期的生理特点

1. 定量负荷

定量负荷是一种限定运动强度（一般低于亚极限强度）和运动时间的运动实验条件下的负荷。训练者在完成定量负荷时具有机体进入工作状态的时间短、身体生理反应较小，运动后恢复快的特征。

2. 极限负荷

排球运动员在参与极限负荷运动时，往往需要将自身的最大潜力充分发挥出来，将机体各个器官与系统的功能发挥得淋漓尽致；和正常人相比，优秀运动员的生理功能水平高，机能的发展潜力大，对极限负荷表现出强大的适应性。一般常选择极限负荷运动时的生理指标，如最大摄氧量、氧脉搏、最大氧亏积累、最大做功量等指标对训练效果进行评定。

第二节　运动心理学基础

一、运动动机

（一）动机含义

动机是推动人去从事或参与某项活动，并引导活动朝向参与者的某种目标发展的心理动因或内在动力。在排球运动中,动机发挥着十分重要的作用,能够帮助人们提前预判落球位置。动机是人的一种心理活动,是看不见摸不着的一种心理因素,在排球运动中人们可以根据他人的行为变化来猜测其行为动机。需要和诱因是动机产生的两个必要条件,具体内容如下。

1. 需要

在心理学中,需要是个体在发展的过程中,因缺乏某种东西而引起的内部紧张感和不适感。人在需要这一因素下,能够产生愿望和驱动力,进而开展各种活动。整体来讲,人的需要主要分为生理性需要和社会性需要。生理性需要是人天生就有的,是人在面对饥渴、缺氧、劳累、寒冷等生理感受时想要改变痛苦所产生的需要;社会性需要是建立在生理性需要的基础上的,是人们后天在社会的发展过程中逐渐形成的。例如,在排球训练中与队友和睦相处的需要,得到教练赞赏的需要,提高自身运动水平的需要,加入更好运动团体的需要等。

2. 诱因

诱因是指引发个体需求动机的外在因素。诱因是引发需求的直接因素,因此它具有一定的指向作用,能够为人们的行为提供一定的指导。诱因的完成期限没有明确的规定,可以是短期内能够实现的,也可以是需要经过长期努力才可以实现的。

个体的行为动机可以由人的内在需要来驱动,也可以由外界环境来驱动,一般情况下,这两种因素并不是独立存在的,而是相互产生影响,来推动形成人的行为动机。

(二) 动机类型

1. 生理性动机与社会性动机

根据人们所产生需要的种类,可以将动机分为生理性动机和社会性动机两种。生理性动机是指为满足人的生理性需要而产生的动机。例如,由于运动中的能量消耗而产生的吃饭、喝水的动机就是生理性动机。生理性动机推动着人们进行某种社会活动,一旦人们的生理性需求得到满足,其生理性动机就会逐渐消失。社会性动机是指为满足人的社会性需要而产生的动机。例如,在运动训练中的沟通需要而产生的交流动机，因比赛中获得成就的需要而产生的成就动机等。这些社会性动机推动着人类的发展，促进了人们之间的交流和沟通。

2. 外部动机与内部动机

根据产生动机的来源，可以将动机分为外部动机和内部动机。外部动机是指在外界因素的影响下而产生的动机。例如，运动员参加比赛是为了获得冠军等。外部动机是受到外部驱动的行为动机，其行为的产生受到外部力量的推动。内部动机是在内在需求的基础上，激发人们参与某种社会活动来展示自己价值，以获得满足感的动机。内部动机是人们为满足自身的内在需要而产生的内在驱动，推动着人们进行各种活动。例如，学生因为喜欢排球运动而报名参加，其参加排球运动并不是为了获得某种奖励，只是因为喜欢，这种内部动机促使其主动参与排球运动。

在排球运动中，多数情况下这两种动机是并存的，运动员参与排球运动不仅有外部动机的推动，还有内部动机的驱动，这两种动机积极地推动着排球运动员的发展，运动员在排球运动中的表现也往往会受这两种动机的影响。但不可否认的是，虽然这两种动机在排球运动员的发展中发挥着积极作用，但同时也具有一定的消极作用。外部动机能够促进内部动机的发展，但是如果没有选取合适的外部奖励方式，就会对内部动机的发展产生消极作用。

3. 直接动机与间接动机

根据人们参与某种社会活动的心理动机是指向活动过程还是活动结果，可以将动机分为直接动机和间接动机两种。直接动机：指向体育学习与锻炼活动的内容、方法或组织形式等当前、直接特征的动机。间接动机：指向体育活动可能带来的生理、心理和社会的延迟、间接结果的动机。在体育活动中，直接动机与运动训练之间的关系较为密切，其明确的具体内容，能够对人们产生直接动力，指导人们进行体育训练。

（三）动机功能

动机在人们的行为中发挥着重要的作用，具有激活、指向、调节与维持等功能。在人们的活动中，动机具有指向作用，不仅能够激励个体的行为，同时还能影响个体行为的活动方向。

1. 激活功能

激活功能是指动机能够激发人们产生某种行为，推动个体进入某种活动，使个体的静止状态逐渐转为活动状态。

2. 指向功能

指向功能是指动机能够为个体行为的活动提供方向，指导人们进行某种活动。如为了满足获得优异成绩这一动机，运动员会刻苦训练，推动自己向前发展。

3. 调节与维持功能

调节与维持功能是指人们在参与活动时，动机能够维持、增强或减弱人们投入其中的力量。如果人们的动机越强，其行为也就越有可能发生。例如，身体素质水平差距较小的一些运动员，在参与同等强度的体育训练时，有的运动员能够坚持下去，而有的运动员却坚持不下去，这就是动机的强度对人们的行为产生的调节作用。

二、心理技能训练

（一）心理技能训练的含义

在运动心理学中，心理技能训练的含义有广义和狭义之分。心理技能训练的广义含义是指有目的、有意识地对运动员的心理状况产生影响的过程；狭义含义是指采取适当的方法，来帮助运动员调节自身的心理状态，进而调节其活动行为的过程。

（二）心理技能训练的意义

在体育运动中，心理技能发挥着十分重要的作用，因此，进行适当的心理技能训练具有十分重要的意义，主要表现为以下几点。

（1）心理技能训练能够提高运动员的技能水平，促使运动员将运动的表象训练和技术训练联系起来，从而提高体育训练的效果。当运动员身体疲劳或是身体状态较差无法进行运动训练时，可以进行适当的表象训练，从而实现巩固之前掌握的运动知识的效果。

（2）多样的心理技能训练能够帮助运动员消除体育训练中的消极情绪，使运动员时刻保持清醒的头脑，增加积极的情绪。

（3）适当的心理技能训练能够缓解运动员参与体育训练的疲惫感，降低运动员在运动过程中产生的身体兴奋、肌肉紧张的状态，使运动员更快地恢复到正常状态。

在排球运动中，心理技能训练能够在一定程度上提高运动员在比赛和训练中的调节能力，增强运动员的训练效果。如果运动员能够做好心理技能训练，不仅能在排球运动中发挥作用，同时还能对运动员的其他行为产生迁移作用，帮助运动员形成积极的生活习惯，促进其综合发展。

（三）心理技能训练的原则

1. 自愿性原则

在心理技能的训练过程中，自愿性原则是其中的首要原因，只有运动员自愿参与心理技能训练的过程，才能发挥自身的能动性，达到预期的效果。在心理技能训练的过程中，心理辅导员所采用的正确引导和训练方法，需要建立在运动员自愿积极地参与训练的基础上。运动员对心理技能训练所持的态度，是否愿意参与心理技能训练，是决定其效果发挥的决定因素。如果运动员对心理技能训练持否定态度，被迫参与心理技能训练，不仅不会达到预期的效果，还会使运动员产生消极情绪，心理技能训练也毫无意义。

2. 因材施教原则

在进行心理技能训练的过程中，由于运动员的个体差异，教练应根据每位运动员的实际情况，有针对性地选择合适的训练方法进行训练，为运动员制订独特的心理技能训练计划。

3. 长期系统性原则

在人们的各种活动中，技能的形成需要经过长期系统的练习巩固，如体育运动中的射门、扣球等技术的熟练运动都是需要经过长期的不断训练才能实现的。心理技能训练也是如此，其中的心理控制训练、焦躁情绪的调节训练、注意力的训练等内容，都需要运动员经过长期的训练才能熟练地掌握，进而发挥心理技能训练的作用。心理技能训练需要不断地进行，使心理和身体紧密地联系在一起，只有这样，即使在紧张的运动比赛中，运动员也能发挥心理技能训练的作用。心理技能训练是一个长期的过程，需要专业的人员进行指导。因此，在制定心理技能训练方法时，心理学工作者应与教练和运动员进行沟通，对具体的问题进行分析，根据分析的结果制订切实可行的训练计划。然后按照计划逐步实施，提升运动员的综合素质。

4. 与专项运动训练相结合原则

在开展心理技能训练前，首先要明确的是心理技能训练的开展是为了提高运动员的运动效果，因此在开展心理技能训练时，应将运动员的体能训练、技术训练等专业训练内容结合起来，使心理技能训练与专业训练相互配合，提高运动员的综合素质。

（四）心理技能训练的实施

心理技能训练需要经过长期的系统训练，在实施的过程中应按照不同的阶段，逐步开始实施。根据心理技能训练的时间维度，可以将心理技能训练分为四个阶段：第一个阶段是基础训练阶段，设定的时间期限通常为六个月左右；第二个阶段是赛前针对性阶段，从比赛前约两个月开始进行；第三个阶段是临场心理调节的训练；第四个阶段是赛后的心理恢复训练。从内容上来看，心理技能的训练主要分为三个阶段，不同阶段具有不同的训练内容，分别为：第一个阶段是帮助运动员了解心理技能训练的内容，认识到心理技能训练的重要性；第二个阶段是让运动员开始由简入繁地掌握心理技能训练的内容；第三个阶段是运动员反复训练这些技能，将其与自己的训练活动结合起来，运用到比赛活动中。

第三节　运动生物力学基础

一、人体运动的时空特点

人体运动的时空特点是多方面的，包括时间特点、空间特点和时空特点等方面。

（一）时间特点

时间是物质运动的持续性的表现。在运动员的运动训练和比赛中，运动持续时间是运动的时间度量。一般来说，评价运动员动作技术优劣的重要参数就是运动持续时间。

（二）空间特点

空间特点包括物体运动的轨迹、路程、位移、角度和角位移等。这些特点有助于人们理解运动在空间中的分布和变化。

（三）时空特点

时空特点结合了时间和空间的特点，通过物理量如速度、加速度、角速度、角加速度等来描述。

速度是指描述物体运动快慢的物理量。人体在变速直线运动中的位移和通过这段位移所需的时间之比，就是人体在这段时间内（或这段位移）的平均速度。

加速度是指描述物体速度变化快慢的物理量。平均加速度则是指人体运动的速度变化量与发生这种变化所用的时间之比。在体育运动中，加速度通常指瞬时加速度。

角速度是指描述物体转动运动快慢的物理量。

角加速度是指描述角速度变化快慢的物理量。

二、人体运动的平衡与稳定

人体的平衡状态就是指相对于惯性参照系静止或做匀速直线运动的状态。运动员在进行体育运动的过程中，为了更好地完成部分技能动作，往往需要做平衡动作加以辅助。对于体操、武术等项目而言，人体平衡能力发挥着极为关键的作用。稳定性指的是人体在对同等类型的外界因素干扰进行抵抗时将身体稳定在平衡状态的能力。人体的稳定性通常分为两个类型：一是静态稳定性，二是动态稳定性。具体而言，静态稳定性指的是人的身体在处于静止不动状态时对不同的干扰加以抵抗的能力；动态稳定性指的是人体在身体平衡被打破的条件下，将干扰因素排除，让身体重新回到平衡状态的能力。无论是在排球训练还是在排球比赛之中，静态稳定性和动态稳定性所发挥的作用都是值得被重视的。

（一）人体平衡的类型

1. 根据人体重心和支撑点的位置划分

根据人体重心和支撑点的位置划分，人体平衡可分为三种形式：一是上支撑平衡，二是下支撑平衡，三是混合支撑平衡。具体而言，上支撑平衡指的是身体的支撑点位于身体重心的上方位置，单杠垂悬平衡就属于此类；下支撑平衡指的是身体的支撑点位于身体重心的下方位置，手倒立平衡就属于此类；混合支撑平衡指的是人体重心位于上、下两支撑点之间的平衡，肋木侧身平衡就属于此类。

2. 根据平衡的稳定程度划分

根据平衡的稳定程度划分，可将人体平衡划分成稳定平衡、有限稳定平衡、不稳定平衡、随遇平衡四种类型。稳定平衡指的是无论身体的姿势位置出现偏离的程度有多大都可以回复至最初姿势位置的平衡状态，体育运动中的上支撑平衡往往属于此种类型。有限稳定平衡指的是人体姿势位置的偏离不超过特定范围就可以顺利回复至原本的平衡状态，下支撑平衡中的面支撑平衡属于此种类型。不稳定平衡指的是身体稍微发生偏离就定然会令整个身体倾倒的平衡，下支撑平衡中的线支撑或者点支撑属于此种类型。随遇平衡指的是不管身体的姿势位置出现什么样的偏离，都可以在当下的新位置形成新的平衡状态。在此种平衡之下，尽管物体不再处于原本的位置，但其重心高度仍旧和原本保持一致。在体育运动中，球体平衡应归为随遇平衡的范畴。

（二）人体稳定度的影响

1. 支撑面大小

通常支撑面大小在很大程度上影响着人体的稳定程度。正常情况下，人的稳定程度和支撑面大小是成正比的。

2. 重心高度

在支撑面这一因素保持不变的前提下，身体的重心处于越低的位置，就会具有越强的稳定性；身体的重心处于越高的位置，就会具有越弱的稳定性。

3. 稳定角

稳定角是指重力作用线和重心至支撑面边缘相应点的连线间的夹角。一般情况下，稳定角越大，人体的稳定性就越好。

4. 稳定系数

我们不能够将稳定性和平衡视作同等的概念，要明确二者之间的不同。一般而言，稳定性指的是人体将自身始终保持在某种状态的能力，这里说的状态既包括静止状态，也包括运动状态；平衡则指的是人体在受到外力影响时仍旧能够保持自身身体姿态的能力。

第四节　运动生物化学基础

一、体能训练的代谢基础

人体的物质和能量代谢是体能训练的核心。根据生物化学的研究，可以把人体能量代谢分成三大系统，即磷酸原供能系统、糖酵解供能系统和有氧氧化供能系统。这三个供能系统在运动过程中的供能比重存在或多或少的差异，运动员的供能能力对其运动能力、体能水平都有决定性作用。

磷酸原供能系统和糖酵解供能系统供能过程都是无氧代谢，它们构成人体运动无氧代谢系统。无氧代谢系统是短时运动能量的主要来源。在排球运动员参与长时间耐力训练时，尽管运动强度偏低、持续时间比较长，但最后阶段加速冲刺时的能量依旧需要由磷酸原供能系统和糖酵解供能系统提供。有氧氧化供能系统的供能过程是有氧代谢，它构成人体运动有氧代谢系统。

（一）无氧代谢系统

人体的速度、力量素质具有短时间、大功率输出的特征，其能量供应主要由磷酸原供能系统和糖酵解供能系统所保障。这两大供能系统被称为无氧代谢系统，即不需要氧气就能进行能量供给。

1. 磷酸原供能系统

在机体的供能代谢中，ATP（三磷酸腺苷）、CP（磷酸肌酸）都通过高能磷酸基团的转移或水解来释放能量，我们通常把 ATP、CP 这种包含高能磷酸基团的物质称为磷酸原。ATP、CP 对能量的分解、释放和再合成的过程则称为磷酸原供能系统。ATP 本身不能储存能量，而是能量的供体。在运动与代谢的过程中，肌肉内 ATP 分解直接产生能量，这是无氧代谢的核心环节。磷酸原供能系统是高强度运动的主要能量来源，且供能的最大功率输出极高。磷酸原在肌肉中的储存量很少，在人体开始运动后最早启动、最早进入角色进行代谢。在跑步时的加速和冲刺阶段，该系统也要发挥重要的供能作用。

2. 糖酵解供能系统

随着运动的进行，人体内氧气逐渐被消耗，含氧量越来越低。在氧气供应不足的情况下，骨骼肌中的糖原或者葡萄糖进行酵解反应，生成乳酸，释放能量，合成 ATP，新生成的 ATP 迅速补充运动中消耗的 ATP，让机体继续保持运动。这种代谢反应被称为糖酵解供能系统。这种糖酵解供能系统的反应发生在细胞质中，进行一连串复杂的酶促反应。随着运动速率的加快，ATP 和 CP 迅速消耗，糖酵解反应的过程在顷刻间就能进行，当运动持续 30 秒左右，糖原的糖酵解速率就能达到最快，并维持 1～2 分钟，随后反应速率逐渐降低，在身体上表现为运动强度下降，速度减缓。

（二）有氧代谢系统

若是身体内部有较为充足的氧气供应，那么人体内的糖、脂肪和蛋白质就会发生氧化分解反应，它们在反应中转化成水、二氧化碳等的同时，也会将一定的能量释放出来。该过程又被称作有氧代谢过程，形成有氧氧化供能系统。糖、脂肪和蛋白质通过有氧代谢释放大量能量，可再合成 ATP，为肌肉运动持续供应能量。在有氧代谢中，脂肪与糖是关键的"燃料"，以有氧代谢提供运动中所需能量的运动方式就被称作有氧运动，而开展此种运动的能力就被称作有氧耐力。

二、体能训练方法的生物化学基础

（一）速度训练

根据相关理论可知，磷酸原供能系统和糖酵解供能系统的供能能力在很大程度上决定着人体的速度素质，因此为了让排球运动员能够在运动时拥有更快的速度，排球教练员可以通过科学、合理的方式让运动员的磷酸原供能系统和糖酵解供能系统产生有利的变化，让它们彼此适应、彼此配合，从而令排球运动员在运动过程中得到更加优质的能量供给。要想让排球运动员的身体具有更好的磷酸原供能能力，就要进行高强度的训练。在开展多次训练之后，每组训练之间应当留出不少于 30 秒的休息时间，做完 10 组运动之后，要留出不少于 3 分钟的休息时间。要想让排球运动员的身体具有更好的糖酵解供能系统，以生物理论原则为依据可以尝试采取如下方法：运动 1 分钟，休息 4 分钟。循环 5 次视为一组，每组运动完毕之后，休息较长一段时间后再开展下一组的训练。

（二）耐力训练

通常，若是个体有着较强的耐力素质，那么主要是因为其有氧系统有着较强的能量供给能力。所以，在实施耐力素质训练时，最好加长时间和距离，适当降低运动的强度。一般而言，长途骑车、长跑、远距离游泳等运动都是较好的耐力训练方式，在训练时尽量确保训练时长不短于半小时。应当指出的是，在开展长时间的耐力训练时，运动员要科学地调整自身的呼吸，并且合理地控制好运动的强度，确保身体不出现疲劳的情况。

三、训练恢复的生物化学特点

（一）超量恢复

运动时，体内主要进行的化学反应是伴随着能源物质的分解进行能量消耗，而恢复过程处于次要地位。所以说人体在运动时，能源物质的消耗要远远大于恢复，这就使得运动时身体内部的能源物质处于逐渐减少的状态。在运动过程停止之后，身体才逐渐开始恢复，体内的能源物质的数量才会逐渐上升。因此在运动后，为了将体内的各种能源物质再次恢复到正常甚至更好的水平，运动员就要通过科学方法补充体内营养，如合理膳食等。这种在运动中消耗的能源物质，在运动后恢复并超过运动前水平的现象称为超量恢复。在合理的范围内，通常超量恢复程度和运动对身体的刺激程度成正比。排球教练应当熟练掌握身体能源消耗及恢复的科学规律，并将其作为重要的参考数据，科学地为运动员制订训练计划。

（二）体能训练中的间歇

运动员若是进行爆发力训练，那么在 10 秒的全力运动过后，应当给自己留出多于半分钟的休息时间，并且最好将休息时间控制在 60～90 秒，这样能够让磷酸原物质的数量有足够的时间恢复，基本可以恢复至最初的一半水平。如此重复运动几次过后，可以休息较长一段时间，休息时长控制在 2～3 分钟。若运动员进行的是半分钟以内的全力运动训练，那么休息间歇应当多于 1 分钟；若运动员进行的是 1 分钟以内的全力运动训练，那么休息间歇应当保持在 4～5 分钟；若运动员进行的是 400 米跑步训练，那么在重复练习 4 次之后运动员应当给自己留出至少 15 分钟的休息时间。这种时间安排能够让身体内部的能源物质得到一定程度的恢复，并且能够令部分代谢产物被及时清理和消除，让身体以良好的状态迎接接下来的紧凑训练。通常来说，休息时间和能源物质恢复程度、体内废物代谢程度是成正比的，尽管如此，在体能训练完毕之后，运动员也不可无限制地休息。

（三）体能训练后的休息

在做完运动之后，身体往往会产生酸痛感，其原因在于运动促使体内生成大量乳酸。因此，在运动结束后，运动员的首要"任务"就是对身体内的乳酸进行清除。积极休息是清除乳酸的有效手段，这里所说的积极休息并不是指让身体完全静止不动，而是在运动完毕后继续进行一些低强度运动，如慢走等，让体内的乳酸尽快排出。若是运动员的训练时间长达几个小时，那么就要对肌糖原的恢复情况加以考量。在开展多次高强度的运动训练之后，体内肌糖原的恢复时间为 5～24 小时，摄入食物中的含糖量并不会对其恢复时间产生影响。但若运动员开展的是日常性、持续性的高强度训练，那么体内肌糖原至少要在 48 小时以后才能够恢复，并且在恢复期身体还要摄入适量的糖分。若非如此，肌糖原就无法顺利恢复至运动前的正常水平。

四、体能训练效果的生物化学评定

（一）运动能力评价

1. 10 秒最大负荷测试法

根据磷酸原供能系统的供能特点，可以用 10 秒以内最大负荷运动进行测试。如可以让运动员进行 30～60 米跑等。若是条件允许，教师可以先对处于安静状态下学生的血乳酸值进行测定，之后让学生进行最高强度的运动，将运动时间控制在 10 秒之内，教师在此期间记录好学生的运动速度，并且在运动完毕后对学生血乳酸的最高值进行测定和记录。在此种情况下，运动速度快并且身体的血乳酸增值较低的运动员，往往有着较强的磷酸原供能能力。

2. 60 秒最大负荷测试法

60 秒最大负荷测试法能够将人体可以达到的最高糖酵解供能能力确切地测定出来。在运用此种测试法时，往往让运动员先做 400 米的跑步运动，教师将其运动成绩记录下来，并且测定运动员运动前后的血乳酸峰值。因为 400 米跑属于糖酵解供能系统供能，所以说 400 米的成绩对于人的糖酵解供能能力有着较为可信的说服力。若是条件允许，可以让运动员在跑台上跑步 60 秒，将跑步距离记录下来，并且测定运动前后的血乳酸峰值。若是运动过后，人体的血乳酸浓度处于 14～18 毫摩尔/升这个范围，则说明其人体的糖酵解供能系统有着较强能力；若是人体的血乳酸浓度在 9～10 毫摩尔/升以下，则说明其糖酵解供能系统能力处于一般水平。在排球训练之中，若运动员具备了更高的运动水平，那么其血乳酸浓度也会相应地升高，即其身体的糖酵解供能系统会有更强的能力，这就说明近期进行的体能训练取得了较为理想的效果。若运动员的运动成绩有所上升，但其血乳酸浓度仍旧维持在和原本差不多的水平，则表明运动员还存在一定的上升空间；若血乳酸浓度维持在原本的水平或者有所上升，但其运动成绩却呈现下降趋势，则表明运动员的身体机能水平有所下降，体育训练取得了与预期相反的效果。

3. 最大吸氧量测试

通过测试个体的最大吸氧量，能够有效地判定出个体的有氧能力。但是对个体最大吸氧量的测试会用到价格高昂的设备，并且其测量时间长、操作复杂且难度较大。所以，通常情况下此项测试往往在专业的体育机构中才能够完成。

4. 6 分钟亚极量负荷测试法

6 分钟亚极量负荷测试法具体用来对个体氧气转运系统的适应性和专项耐力运动的能力进行测定，根据其测定结果可以基本判断出个体的机能状态和耐力训练的效果。在进行此项测试时，运动员无须使用全部力气，并且其测试过程简单易操作。测试时采用亚极量运动负荷，将运动时长控制在 6 分钟左右，在做完跑步动作后对个体的心率、血乳酸值等进行测量和记录。在经过一个周期的锻炼之后，再进行同等负荷、同等条件的运动测量，若个体的血乳酸浓度及心率都出现了明显下降，则说明相较之前该个体有了更强的有氧代谢能力。

5. 12 分钟跑测试法

通过 12 分钟跑测试法能够对个体最大的有氧能力进行测定。与其他的测定方法类似，在让个体运动之前，先对其处于安静状态时的血乳酸值进行测量，之后让被测者热身后跑步 12 分钟。被测者跑步时，应当将其跑步的距离记录下来，在跑步运动达到 12 分钟以后，若随着跑步距离的增加，个体血乳酸能够以较快的速度消除，则表明该个体有着较强的有氧代谢能力，其身体机能处于良好的状态；在跑步运动 12 分钟以后，若随着跑步距离的缩短，跑后血乳酸以较慢的速度消除，则表明该个体不具备较强的有氧代谢能力，其身体也不具备较高的运动水平。

（二）身体机能评价

身体机能评价指的是以生物化学理论为依据，对一次或一周期训练活动的负荷及运动后的恢复情况进行评价，通过一个或多个指标对运动员某一时刻的身体机能状态进行考量。评定训练活动负荷效果的指标主要有血乳酸、尿蛋白、血红蛋白、血尿素等。评定训练活动的负荷量、负荷强度及恢复情况时，一定要根据训练计划和训练目的选择检测指标，尽可能配合生理学、医学和心理学的理论来进行，得出全面、客观、科学的结论。

1. 血乳酸

当人体处于静止状态时，血乳酸浓度通常不会高于2毫摩尔/升。在运动时，身体内的血乳酸浓度会慢慢增加，并且其增加速度和运动强度成正比。通常，短时间激烈运动和短时间间歇运动都会使得体内血乳酸浓度迅速增加，且后者增加速度更快。而运动员在开展时间较长的耐力运动后，血乳酸仍旧不会以较快的速度上升。

2. 尿蛋白

若人的身体处于健康状态，则其尿液中不会含有较多的蛋白质，每日通过尿液排出的蛋白质总量不会多于150毫克。而有些人在运动后，其尿液中所含有的蛋白质就会增多。由运动引起蛋白质含量增多的尿，称为运动性蛋白尿。运动时尿液中蛋白质的含量可以被当作评定运动负荷强度、评定运动者身体机能状态的指标。在运动过后的15分钟左右对运动员的尿样进行检测，能够查看运动负荷会在何种程度上影响着身体的肾功能。通常运动强度和血乳酸值、尿蛋白排出量是成正比的。在次日早晨对运动员的尿样再次进行检测，就能够对其机体的恢复情况进行准确的评定。一般来说，在运动项目、运动负荷保持不变的前提条件下，运动员的尿蛋白排出量会稳定在一定的范围。若在条件未发生改变的情况下个体的尿蛋白含量有所上升，则说明个体的身体机能水平相较以往来说有所下降。若在其他条件不变的情况下增加运动负荷，使运动员有更高的尿蛋白排出量，并且在次日早晨检测时尿蛋白仍旧维持在较高的水平，这就表明运动员的身体机能暂时还没有完全恢复；若增加运动负荷后运动员的尿蛋白含量有所上升，但是在四小时后或者是在次日早晨尿蛋白含量有所降低，大致与处于安静状态时的水平相同，则说明此种运动负荷对身体是有益的，实施此种负荷的训练有利于让机体保持在良好的状态，能够在适当休息后仍旧恢复至原本的身体水平。

3. 血红蛋白

血红蛋白又被称作血色素，是红细胞的主要成分，主要作用是作为红细胞运输氧气和二氧化碳的载体，维持血液酸碱平衡。总体上看，血红蛋白直接对身体的运动能力、机能水平等造成影响，并且它是对个体有氧代谢能力进行衡量的重要指标之一。在正常情况下，一个人体内每 100 毫升血液中，男性和女性的血红蛋白含量分别是 12 ~ 15 克、11 ~ 14 克。当身体机能水平下降或者是长时间进行高强度运动时，血红蛋白值就会下降，甚至无法维持在正常数值之内。这种由运动引起的血红蛋白低于正常水平的现象被称为运动性贫血，通常十分消耗体能的项目会造成运动员的身体出现此种现象。当身体处于贫血状态时，不管身体进行的是何种运动，其运动能力都会有所下降。所以，人们往往会在早晨当人体处于安静状态时对运动员的血红蛋白值进行评定，并以最终数值来衡量其身体机能水平，以此为依据来为其运动负荷进行设定。另外，血红蛋白值还能将身体的缺铁情况反映出来，人们可以用该指标来对运动员的健康水平、营养状况等进行评定。

4. 血尿素

血尿素指标能够用来对运动员的运动负荷进行评定。职业运动员的血尿素浓度比一般人要高，原因是运动员体内蛋白质代谢更加旺盛。通常情况下，在运动一定时间后，运动员体内的血尿素指标就会开始上升。在大量运动之后，若运动员的血尿素值高于 8 毫摩尔/升，则表明目前运动员的运动负荷过高。在运动次日早晨可对运动员的血尿素浓度进行检测，并根据检测结果查看运动员身体的恢复情况，若其血尿素值已经恢复到正常的水平，则说明其身体代谢水平良好，身体机能也处在正常的水平，其运动负荷是较为适宜的。若运动后第三天早晨其血尿素值仍旧处于偏高的状态，则说明其身体不具备较强的恢复能力，其身体机能水平一般。在对训练周期负荷进行安排时，运动员身体的血尿素浓度可能会出现以下几种情况：第一，在整个训练周期内运动员的血尿素值始终保持在原本的水平，这表明运动负荷较小，身体并未出现相应的变化；第二，在训练周期的初始阶段血尿素值出现升高的情况，之后慢慢下降至原本的数值，这表明此时安排的运动负荷适中，机体完全可以适应；第三，在整个训练周期中，运动员的血尿素值始终处于较高的水平，这表明运动员有着超高运动负荷，身体尚未恢复至正常水平。在第三种情况下，教练员要对运动员的运动量及运动负荷进行适当调整，若运动员依旧按照原本的训练计划开展训练，则其身体可能会出现过度疲劳的现象。

第三章　高校排球运动教学理论分析

第一节　高校排球运动教学的任务

一、增强学生体质

为增强我国学生身体素质，很多高校将体育课程作为学生锻炼身体、增强身体素质的平台，以此来鼓励学生多做运动，保持健康的体魄，排球运动的设置也是以此为目的。学生在排球课程当中得到了身体的锻炼和意志的锻炼，身体素质和心理素质都能有所提高，同时也能使身体的免疫能力得到提高。学生进行体育课程的学习，养成良好的锻炼习惯，能够形成健康的体魄。

二、传授排球知识和技能

学生通过学习排球的相关知识和技能，能够了解排球的发展历史和相关运动文化，并能够积极主动地参与到排球运动中来。排球教师可以通过传授给学生相应的排球运动的原理和方法，让他们进行科学的训练，促使他们将排球运动的相关方法和知识原理应用到实践中，从而树立终身运动的意识。

三、促进学生个体的社会化

高校的排球课程要关注学生的发展阶段及身体素质，不断完善其人格与思想品德，使身体素质和道德品质都能得到良好的发展。在排球运动教学中，通过排球运动中团结协作的精神帮助学生养成一定的群体意识和责任感，培养学生团结互助、勇敢拼搏、砥砺前行的意志品质，为学生今后的学习生活奠定基础。

四、培养竞技排球人才

长期以来，我国竞技体育实行的都是三级训练网体制，通过市运动队、省运动队和国家运动队的形式选拔竞技体育人才。随着我国社会的快速发展，这种选拔方式的不足日益凸显，不利于竞技体育人才的选拔。随着我国竞技体育体制的不断改革，借鉴美国竞技体育人才选拔的经验，我国也开始慢慢通过高校来选拔竞技体育人才，作为三大球项目之一的排球，在高校具有一定的基础，具有一定的发展潜力。因此，在开展高校排球运动教学活动的过程中，要善于发现有排球运动天赋和运动才能的学生，并在课余时间对他们进行排球运动训练，以提高他们的排球运动技术水平。有条件的高校还应该组建高水平排球运动队，这样既可以丰富高校的校园文化和学生的课余生活，同时也可以为高一级的排球运动队或排球俱乐部输送后备人才。

第二节　高校排球运动教学的管理

一、高校排球运动教学管理要求

（一）提高排球运动教学质量

高校进行排球运动教学管理，需要将管理落实到排球运动教学质量上来，不断提高排球运动教学的质量，也要将排球运动教学管理落实到教学过程中，兼顾每位学生，进行全员化的教学，这样才能将排球运动教学管理真正落到实处。

（二）重视排球运动教学的专业性

排球运动教学是一项专业性较强的工作，高校的排球教师应当对排球运动有深入的了解，能够对学生进行科学合理的指导和教学，建立相应的教学制度和教学管理措施。高校应该允许教师在排球运动教学中有更强的主体性和自主性，让其能够发挥出自己的专长，并且让教师能够及时得到学生的教学反馈和相关意见，从而调整教学内容，使课程更加生动活泼。

（三）体现排球运动教学管理的特色

经过不断研究与实践，当前我国已经基本确立了一些排球运动教学管理的特色，如在指导思想的管理上，把育体与育心、社会需要与学生需要、校内体育教育与社会终身体育结合起来；在教学内容的管理上，将民族性与国际性、健身性与文化性、实践性与知识性、统一性与灵活性结合起来；在教学的宏观控制上，把行政管理与业务督导，统一要求与分类指导，基本评价与专题、特色评价结合起来；在教学过程的管理上，把教师主导作用与学生主体作用、以理施教与以情导教、教学的实效性与多样化、严肃的课堂纪律与活泼的教学气氛、激发学生兴趣与培养学生刻苦精神结合起来。这些都体现了我国排球运动教学管理的特色。

二、高校排球运动教学管理计划

高校领导者和教师进行教学管理制度的订立时，不仅要考虑排球运动教学质量的提高，还要考虑制度的科学性和合理性，要保证学生能够在课堂上得到科学合理的锻炼，能够更加热爱排球运动。高校排球运动教学管理计划包含以下几方面的内容。

（一）教学工作整体计划

教学工作整体计划由国家教育主管部门制订，相关高校要贯彻落实整体计划的要求，将国家颁布的教学工作整体计划作为本校开展相关教学的依据，按照科学合理的进度完成相关的教学工作。

（二）教学学年工作计划

教学学年工作计划是一个长期的计划，对于高校排球运动教学工作来说，这种学年计划既要符合国家的相关教学方针和有关政策，也要兼顾高校本身的情况，在往年教学经验的基础上对本学年的教学工作计划有一个合理的规划。

（三）课外教学工作计划

排球的教学不仅要依靠课堂上的教学，也要依靠学生的课外实践。课外教学工作计划应包含三个层面的内容，一是全校层面上的课外教学工作计划，二是班级层面上的课外教学工作计划，三是教师个人层面上的课外教学工作计划，这三者相互结合才能让排球的教学工作质量有所提高。

（四）业余训练计划

排球运动教学需要高校对学生开展相关的业余排球训练，让学生在业余生活中体会到排球运动的乐趣。制订业余训练计划不仅要考虑很多现实因素，还要从时间维度上考虑，如多年训练计划、学年训练计划、周训练计划、课时训练计划等。在制订业余训练计划时，更应该进行全局化的考虑。

（五）排球运动竞赛计划

高校应当注重排球运动的竞赛计划，该计划旨在培养出高水平、高素质的排球运动员，有效提高学生的运动兴趣和排球运动教学的质量。高校和体育教师可以利用一些节假日对有兴趣的学生进行强度较大的集中训练，并与赛事相结合。

（六）教师培训计划

在排球运动教学进程中，需要教师不断学习新的知识，不断提高自身的综合素质。在制订教师培训计划时，要充分考虑每位教师的业务水平、年龄层次及高校体育的发展水平，结合教学的实际情况，在不影响教学的情况下轮流对教师进行培训。教师培训计划是增强教师素质的重要方式，同时，还应增强教师的学习意识，提高其自我学习的意识。

（七）场馆建设计划

在制订排球运动的场馆建设计划时，高校应当考虑到排球运动教学的实际发展情况和学校的经济基础，科学合理地进行场馆的建造和设备的采购。

三、高校排球运动教学管理评估

高校排球运动教学管理评估能够解决很多教学目标达成和教学方案实施上的困难，能够有效促进排球运动教学计划的实施，督促教学管理的顺利进行。在教学方案的实施过程中，如果相应的教学管理制度与教学活动产生了冲突，可以采取相应的措施来保障教学活动的顺利实施，达成相应的教学目标。因此，这种教学反馈在整个教学过程中发挥着重要的作用，想让这种反馈更加及时，就需要建立相应的教学管理评估机制。如果不具备合理的排球运动教学管理评估机制，很多教学工作就难以正常进行，也很难得到学生的反馈，因而会影响排球运动教学质量的提高。

（一）准备

这里的准备是指组织准备和方案准备。组织准备指开始前请一些业内专家和相关的一线工作者进行商讨并成立专门的评估机构，负责检查与评估的工作；方案准备是指由评估对象、评估方法、评估内容、评估等级、评价说明等组成的整体文件，方案准备是整个教学评价环节中最具专业性的一部分。

（二）自评

高校排球运动教学管理自评是指高等教育机构中负责排球课程的教师或管理者对排球课程的教学管理进行的自我评估。这种自评通常旨在提高教学质量，确保教学目标的实现，并不断改进教学方法和管理体系。

（三）验收

在验收环节，有关部门应当组织专家团队对高校进行评估。专家在进行评估时，不仅可以审阅相关档案，还可以进行抽样调查。专家通过实地考察或线上访问等方式对相关的排球运动教学管理工作进行审查，按照具体的评估标准对高校的体育教学工作进行评定，并将评估结果交由相关部门，同时也应该把评判结果发给高校，让高校对体育教学工作所出现的问题进行及时修正。

四、高校排球运动教学管理机制

（一）高校排球运动教学管理机制概述

1. 排球运动教学管理机制的含义

管理机制具体是指管理系统内各构成要素之间相互联系和作用及其调节方式，它的实现依托于建立一定的组织机构和与组织机构相符的组织制度。组织机构的建立将系统内的相关人员根据需要分配到组织系统内的各个部门。机制是否能保证系统内各要素的作用正常且充分地发挥是评判一个管理机制是否优秀的主要依据，具体是指该机制的建立是否能达到人尽其才、物尽其用，是否能充分调动所有组织人员的积极性。根据管理机制的基本含义，结合排球运动教学的基本特征，可以得出，排球运动教学管理机制是指为保证排球运动教学的进行所涉及的与排球运动教学相关的各级组织或机构、各利益相关主体之间为一个共同目标相互作用的关系体系。排球运动教学管理机制通过有关制度的制定和实施，规范排球运动教学组织内部的各种相关利益主体的行为，以保证整个管理体系正常有序运转，同时确保高素质排球运动人才培养目标的实现。

2. 排球运动教学管理机制的构成

排球运动教学管理机制对于排球运动教学的发展有着重要的作用，排球运动教学管理机制越完善，排球运动教学质量越容易提高。广义与狭义上的体育教学管理指向不同，它们共同构成了我国的体育教学管理体系。

广义上，校内校外所进行的体育教学的全部要素都归属于高校的体育教学管理体系，高校的体育教学管理体系存在许多主体，这些主体不仅包含政府、企业，还包含家长、学生等。

狭义上，高校的体育教学管理只包含校内体育教学中的各方面内容。需要注意的是，各类高校的教学质量和总体经济实力不同，相应的管理制度和管理团队也会不同，但各个相关主体的目标是一致的，那便是共同提升体育教学的质量，推动体育事业的发展。

排球运动教学管理需要将不同主体之间的利益进行综合考虑，并建立一个符合规律的运行体制。高校的排球课程不仅需要相应的管理机构和管理人员，还需要合理的管理体系和制度。排球教师要学会根据现阶段的实际情况和培养目标设置课程的具体内容，因地制宜、因时制宜地制定教学方案，提高学生的积极性与主动性，让学生更加高效地学习排球技术。

现如今，我国的体育教学与社会的发展紧密相连，高校尤其是高校的排球运动教学管理应更加适应社会发展的需要，以人才培养为重要目标。高校要尽量保持积极开放的办学态度，不断提升管理的效率与质量，为社会培养高素质的排球运动人才。

（二）创建高校排球运动教学管理机制

创建高校排球运动教学管理机制，是高校教师和相关领导合理安排日常排球运动教学活动、提高教师和学生积极性的基础。高校排球运动教学管理机制应由以下几个方面构成。

1. 激励机制

（1）激励依据

激励机制经常运用于教学活动的各个环节，它能够有效提高学生的学习积极性和主动性，让学生更加高效地学习，不断提升自我、发展自我，而高校在此过程中也能够收获一批德、智、体、美、劳全面发展的优秀学子。排球运动教学管理机制可以利用一些手段和方法调动教师和学生的积极性和主动性。

（2）激励方式

激励方式一般有两种，一种是物质上的激励，另一种是精神上的激励，对于二者的运用如下所示。

①物质激励。物质激励主要包括奖金、奖品、优厚的福利待遇，还有职务、职称的晋升等。例如，在对排球教师与管理者的激励中，较受被激励者关注的是教师职务的晋升。这主要是因为教师职称的晋升会直接影响其收入

和未来教师生涯的走向。因此，高校对此要给予高度的重视，要充分运用职称的科学评定将教师的工作重心引导到高校期望的目标和方向上来。调动教师群体致力于教学工作的积极性，促进排球运动教学质量的进一步提高。

②精神激励。精神激励一般是指通过鼓励和授予荣誉来提高个体或群体的自信心，使个体或群体获得满足感，给予个体或群体一种精神上的正向引导。精神激励能够让个体获得一种积极的评价，这种激励成本低且效果好，合理使用能够收获比物质激励更好的效果。

（3）注意事项

无论是物质激励还是精神激励，都需要使用者合理运用，结合二者各自的优势和特点，发挥最大的效果，其中有几点需要使用者注意。

①多种激励方式相结合。物质激励和精神激励都是必要的，二者可以结合起来使用。普通的奖金激励能够对学生产生很大的吸引力，但是这种方式依然有所欠缺，应该将物质奖励与精神奖励结合起来，利用不同的激励手段，满足学生或运动员的心理需求。在高校的排球运动教学中，教师应当以精神激励为主要激励手段。

②日常考核与激励机制相结合。单纯的激励机制不能从根本上推动日常工作的有效进行，还必须依赖于日常考核。因此，必须把激励机制与日常考核结合起来，将激励机制所激发的内在动力与考核的外在约束形成合力，以发挥组织机构人员的最大潜能。

总之，在排球运动教学中，良好的激励机制是十分必要的，一方面它能使教师更加主动地参与实践，更加自觉地投入教学活动中；另一方面它能使学生以此为动力，坚持不懈地朝着自己的目标前进。此外，还有助于组织管理者不断提高其管理水平。

2. 保障机制

（1）保障机制的必要性

首先，随着排球运动的不断发展，新材料和高科技器材被不断应用于排球运动教学中，排球运动教学中的教学设备应该得到必要的升级。其次，现阶段我国分发到各个地区的教育资金尚不能做到全面满足各级各类高校的实际需求，经费短缺是各高校排球运动教学所遇到的共同难题，是目前影响我国教育发展的主要"瓶颈"。最后，在有限的教育资金分配上也存在问题，由于教育资金有限，大多教育资金用于支持主要学科的教学工作，和其他学科相比，排球运动教学能分到的教育资金较少，很少有高校能完全满足当前排球运动教学的需要。因此，排球运动教学的健康发展有赖于保障机制的建立。

（2）保障机制的具体内容

排球运动教学管理体系中的保障机制主要包括国家层面与高校内部两个方面。首先，从国家层面来讲，国家应该继续加大教育方面的投入。其次，从高校内部来讲，教学支出应是高校支出的主要部分。各级各类高校可以结合本校的实际情况采取院系两级管理的财务预算管理方式，或是学院一级的财务预算管理方式。但无论采用哪种管理方式，都要保障一线排球运动教学的需要，尤其要使学生在实训、校外顶岗实习所需要的经费得到保障。

3. 风险处理机制

（1）建立风险处理机制的意义

和其他学科的教学内容不同，排球运动教学的主要授课内容几乎是以身体运动为主的。因此，在排球运动教学过程中，应加强对学生的安全管理，对学生的每一种行为都要严格观察，随时排除安全隐患。在排球运动教学实践中建立风险处理机制，能使排球运动教学始终在安全的基础上进行，具体来说，高校应根据风险可能发生的概率和严重程度做出不同程度的判断，建立可靠的风险处理机制，将可能发生风险的因素降到最低。如果风险发生，就要在第一时间把事件的负面影响降至最低，防止事态进一步升级，以保证排球运动教学的顺利进行。

（2）风险主体的构成

一般来说，风险由客观事物和人为主体构成。首先，客观事物构成的风险主要是指排球运动教学周边环境所带来隐患的风险。例如，在每堂排球课开始之前，教师、场地或器材的管理人员要对所用器材进行全方位的检查。其次，人为主体构成的风险主要是指由于学生安全意识不强、身体状况不适、对于所学运动技能的掌握不扎实等导致的运动中出现错误动作而引发受伤等安全隐患的风险。

第三节　高校排球运动教学文件

在高校排球运动教学中，排球运动教学文件是开展教学活动的重要依据，是教学工作的重要组成部分，撰写一份科学合理的排球运动教学文件是非常必要的。通常情况下，排球运动教学文件主要包括排球运动教学大纲的制定、排球运动教学进度的制定和排球运动教学教案的编写。

一、排球运动教学大纲的制定

教学大纲是教学的主要依据，它规定了排球课程的基本内容和要求，高校排球运动教学任务、课程教学课时数和要求，是排球运动教学工作的主要依据。排球运动教学大纲的内容主要包括以下几个方面。

（一）前言

前言是教学大纲的开头部分。这一部分主要对排球运动教学课程的作用和地位、制定排球运动教学大纲的依据、教学指导思想、采用的教法、技战术教学要求等加以说明。在前言中，首先要指出制定排球运动教学大纲的理论依据，明确排球运动教学的培养目标。排球运动教学大纲也是各级各类排球教育者对教学活动进行设计和计划的纲领性文件，排球运动教学者必须根据排球运动教学大纲确定教学思想，制定其他排球运动教学文件。

（二）教学课时数

在高校排球运动教学中，排球教师要根据教学大纲的要求合理分配教学课时数。教学课时数的分配既要符合教育计划中所规定的排球运动教学的总课时数，又要将理论课与技术课教学的课时数合理分配好。具体来说，在安排教学内容和课时数时应注意以下几点。

（1）分配理论课与技术课的课时数时，要根据不同教学目标以及不同的教学对象对教学的不同要求来确定两种课程类型恰当的比例。通常情况下，理论课和技术课的安排要出现在每个教学阶段中，但难度要呈现层层递进的趋势。

（2）在安排教学内容时，要根据学习者的不同年龄阶段和不同性别进行，练习时也应考虑不同人所能承受的不同负荷，但课时总数应尽量保持一致。

（3）分配技术课的课时数时，要根据教学的具体情况、学习者的基本状态进行。一个技术动作的学习不要有太长的时间跨度，但是一个技术动作的迁移可以贯穿在技术学习的始终。技术课的安排除了要考虑系统性和整体性外，还应考虑不同技术之间的迁移作用，尽量避免运动技能的消极性迁移作用，避免形成错误的动作定型。另外，还要考虑不同的技术教学对场地器材、气候及其他具体情况的要求，也要考虑教学者的实际情况。

（4）安排排球理论课时，应重视理论知识本身的顺序性和系统性。要注意将排球运动的基本理论知识和各种技战术的理论部分统筹安排。

（5）教学者要明确规定每学期考试、考查的项目，并规定考试和考查的课时数。

（三）教学内容

在排球运动教学中，教学内容一般包括技术和理论两个部分。

1. 技术部分

在排球技术部分教学中，要明确各种技术的教学目的，包括每种技术动作的特点和作用，以及未来的发展趋势，国内外有哪些不同的技术观点，技术动作与场地器材规格的关系，比赛规则、裁判方法对技术动作的制约，教学步骤和教学方法对技术动作学习的影响，产生错误动作的原因和纠正错误动作的方法及安全措施等。排球运动教学大纲规定的排球教学内容，还应介绍学生学习的基本特征、教学重点、组织教学及注意事项等。

2. 理论部分

在排球理论部分教学中，要列出在教学过程中所要学习的排球理论，要求教学者在安排教学基本内容的基础上，多引进国外最新科研成果的新进展和新成就，讲授其新的发展动态、特征及不同的学术观点，使理论课内容丰富而有深度，一方面可以扩大学习者的视野，另一方面对于提高排球运动教学水平也很有帮助。

（四）成绩考核

排球课程成绩的考核主要包括考试的内容、方法、标准、评分方法要求等。同时，针对动作技能，要根据学习者的实际情况制定专门的考核标准。在高校排球课程中，成绩考核要根据教育计划规定的各学期考试、考查要求进行，教学大纲中要明确规定考核的内容、方法，技术项目考核的技术评定的规格要求、技术达标的评分标准。另外，在进行排球课程成绩考核时，对于学习者的学习态度、课外作业等情况，也要有相应的评分标准。考核内容要包括理论知识、运动技能、平时表现和完成课外作业等方面，合理分配每项考核内容所占的评分比例。技术评定既要注意科学性，又要注意可操作性；要采取多种评价方法相结合的方式对学习者进行评价。通常来说，评价一般采用可量化的指标，以提高评价的客观性和准确性。

二、排球运动教学进度的制定

教学进度是将教学大纲规定的课程内容和教学课时数落实到每一节课的教学文件。在排球运动教学中，教学者一般都会依据教学进度来书写教案。教学进度的安排是否符合学习者的具体实际将成为提高教学水平和质量的关键因素。在安排教学进度时，教学者切忌将教学内容简单地罗列，而是要在基本教学内容的基础上，突出教学重点和教学难点，合理安排教学内容。教学者还可以根据教学目标和任务的需要，设计理论课、技战术综合课、考核课、教法课和能力培养课等的不同类型的课程。一般来说，在排球课教学中，制定教学进度的方法主要有循序渐进式和阶段螺旋式两种。

（一）循序渐进式

循序渐进式教学进度，是指将教材内容按照主次和难易程度科学地分配于全教学过程。在教学的最初阶段，首先进行重点技术的教学，这一教学内容要贯穿整个教学过程，同时还可以穿插战术教学的内容。重点技术和战术是整个教学活动的主线，理论知识的教学则根据其对重点技战术学习的影响而安排在教学过程中。在用这种方法安排排球运动教学进度时，要将新授内容与复习内容相结合，将技术内容教学与战术内容教学相结合，将攻击技战术与防守技战术相结合，将提高技战术水平与培养各种能力相结合。可以在教学课中安排比赛，也可以在正常课时教学之外安排专门的比赛，并通过比赛尽可能地培养学习者在实际比赛中灵活运用技术和战术的能力，提高技战术水平和培养战术意识。最后进行综合复习考试，构成一个系统的教学过程。在高校排球运动教学中，选择循序渐进式的方法安排教学进度时应注意以下几点要求。

第一，要将重点内容的教学安排在教学过程的最初阶段，这样可以让学习者有充足的时间了解、学习和掌握重点技术，也为随后学习战术打下基础。

第二，要将基本理论知识、基本技术和基本战术的教学有机结合起来，并增强各项内容之间的联系。

第三，由重点内容的学习带动一般内容的学习，通过基本理论知识的教学来指导技术、战术方面的教学。

第四，分清每个课时的教学重点和难点，每个课时都有明确的教学内容，便于备课。除此之外，在安排教学进度时，还要根据教学任务的需要适当安排理论课、技战术综合课、考核课、教法课等不同类型的课程。

（二）阶段螺旋式

阶段螺旋式教学进度，是指将教学过程划分为紧密联系的四个阶段，每个阶段都包括基本技术、串联配合、全队战术、比赛等几个教学内容和过程。各个阶段既有其独立性，同时又是下个阶段的基础。这种方式能帮助学习者在具备一定知识和技战术能力的基础上逐步掌握新的内容，既遵循了循序渐进原则，又符合学生学习排球运动的具体实际。在高校排球运动教学中，选择阶段螺旋式安排教学进度时应注意以下几点要求。

第一，要由多到少地安排排球技术教学的内容，首先要进行重点技术内容的教学。

第二，安排排球战术教学内容时要由少到多，但是也要首先安排重点战术内容的教学。

第三，在选择教授技战术的教学方法时，必须符合运动技能的形成原理。

第四，可以选择比赛法进行教学，安排简单的比赛，为学习者提供实战机会，以提高学习者的技战术能力。

三、排球运动教学教案的编写

教案是根据教学进度中所规定的具体教学内容和教学的实际情况而编写的每个课时的具体计划。教案一般包括以下几个组成部分：课程的目标、任务和具体要求，教学内容的安排，教学步骤，练习方法与组织，课程的各部分内容以及教学内容的重点和难点等。

（一）技术课教案

在高校排球运动教学中，技术课教案中课程的任务主要包括对学习者学习态度、认知情感、技能技术等几个方面的培养。各项任务的制定应该既具体又恰当，符合学生的具体实际。一般来说，排球技术课教案主要包括准备部分、基本部分和结束部分三个部分。

准备部分的内容要结合课程的基本任务和内容进行设计，要注意准备活动的有效性，既要有一般准备活动又要有专项准备活动。基本部分中的讲解部分不能占过大的比重，讲解的语言要精练，归纳动作技术要领要有逻辑性；做动作示范时要确保处于不同角度的学习者都能清晰地观察；对课程中教法的组织、选择的练习手段、练习负荷和需要的场地器材都应在教案中明确说明；在进行较复杂技术动作的教学时，还应在教案中明确易犯错误的纠正方法和运动损伤的防治及处理预案。结束部分所安排的放松练习要有针对性，主要是进行心率的调整和对练习中所动员的主要肌群和关节的放松。课后，教学者要在教案的备注栏中写明本节课教学的心得体会以及发现的问题，记录学习者对教学内容的掌握程度，并对教学效果做简要的评价。

1. 准备部分

准备部分占总课程时间的 15% ~ 25%。主要内容包括：将学习者组织起来并告知本节课所要学习的内容，使学习者在有明确目标的情况下进入学习情境，并安排一些专门的练习将学习者的注意力集中到排球运动中来，调动他们神经系统的兴奋性并使身体的各系统机能进入运动状态，克服生理惰性，从身体和心理上准备好进入基本部分的练习。排球课程的准备活动形式很多，但是无论教学者采取哪种方法或手段都要遵循负荷量由小到大逐渐递增的原则。准备活动的练习要与基本部分的主要内容相联系。准备活动中也可以包括发展学习者排球专项体能的练习。

2. 基本部分

基本部分占总课程时间的 50% ~ 75% 。主要内容包括：教学者要明确本节课程的教学重点和教学难点，在教学过程中进行重点教学。在排球技术课中，安排这一部分的教学内容应注意技术动作之间的练习，在这一部分的前半部分安排学习新的技术动作，后半部分则将新动作与学习过的技术动作结合起来进行练习。要尽可能地增加练习的密度，为学习者多提供练习的机会。要重视课程的组织过程和步骤，并选择适合学习者特点的练习方法。采用科学的教法组织教学也是备课的重点之一。

3. 结束部分

结束部分占总课程时间的 10% ~ 15% 。这一结束的过程应该是有组织的而不是随意的，安排的练习应使在练习中主要动员的肌群得到很好的放松，同时也使学习者的神经从紧张的练习中放松下来；必要时对学习者本节课的纪律、学习质量和教学任务完成情况进行点评；布置课后的练习任务和下节课要进行的准备工作。

（二）理论课教案

理论课教案是教学者按照教学大纲的具体要求来撰写的。教学者在理论课的教案中除了要体现教学大纲所规定的基本理论知识，还应增添与之相关的国内外最新研究成果的新知识以及发展的新方向、新动态、新趋势等内容，也可在教学过程中穿插不同的学术观点和教学者自己的观点。需要注意的是，在撰写理论课教案时，结构要清晰，文字要简单明了，要结合具体的教学实际编写教案。

第四节　高校排球运动教学效果的评价

一、高校排球运动教学效果评价的含义

高校排球运动教学效果评价是运用一切可行的评价技术手段，对排球运动教学活动及其效果进行测评，并予以价值判定的过程。高校排球运动教学评价的实质是对排球运动教学活动的影响和效果两个方面给予价值上的判定，并积极引导排球运动教学活动朝预定的目标发展。通过适当的教学评价，可以促使排球运动教学更加有目的地实施。

二、高校排球运动教学效果评价的原则

（一）科学性与可行性统一

科学性评价是指所使用的评价方法和评价标准与评价事物的客观规律相符合，能够体现决定事物本质的主要因素和内在联系，并尽可能地做到数量化和精细化，进而将主观估计的因素降到最低水平。可行性评价是指使评价方法和评价标准更加简便易行、便于操作。科学性与可行性是一个矛盾体。在实际评价中，所采用的科学的评价方法和评价指标通常是比较复杂的，难以掌握和实施，也难以量化。因此，在制定相应的指标评价体系时，还要对评价的可行性进行考虑。

（二）指导与评价结合

在进行评价的同时，应该对教学进行指导，主要包括以下几个方面。首先，对工作绩效进行检查，判断是否与工作目标相一致，并对存在的问题进行分析，以此来对工作计划进行适时修正，使整体工作朝着总体目标的方向有序推进。其次，"以评促建、评建结合、重在建设"，通过开展评估工作进一步促进工作的顺利开展。最后，没有指导的评价是消极的，是无法达到评价目的的。要在对评价结果进行认真分析的基础上来进行指导，并与评价对

象的主观条件相结合，从实际出发，进一步提出相应的改进意见，以使评价对象克服自身的缺点，发挥其自身的优势，进而争取获得更大的进步。

（三）客观与可比一致

在建立相应的指标评价体系的过程中，所采用的评价指标和评价方式尽量是能够定量的，通过评价能够客观、公正地反映工作的实际情况。除此之外，在建立相应指标评价体系的过程中，针对同类评估对象要注意选择其共性内容，要对标准化的评价体系进行严格控制，并对评价尺度的一致性进行准确把握，根据准确的评价结果来对同类事物的优劣和差异进行比较、权衡。

三、高校排球运动教学效果评价的方法

（一）教师评价与学生评价相结合

传统的排球运动教学评价是以教师评价为主体地位的，这种评价方式不能很好地反映排球运动教学的实施效果，在评价过程中，应该采取教师对学生的评价、学生对教师的评价、学生之间的相互评价以及与学生自评相结合的方法，从而实现评价主体的多元化，提高教学评价的真实度。

（二）结果性评价和过程性评价相结合

在排球运动教学评价中，不能只进行结果性评价，要对学生通过排球课程学习的运动技能水平进行评价，还应该结合学生在体育学习过程中的态度、情感等因素进行过程性评价。将结果性评价和过程性评价紧密结合起来，可以使排球运动教学过程变得更加合理，从而提高排球运动教学的质量。

（三）定性评价和定量评价相结合

在排球运动教学评价过程中，要注意将定性评价和定量评价结合起来，不能只进行定性评价，也不能只追求定量评价。例如，在排球运动教学中，不能单单以学生颠球数量的多少来判定学生运动水平的高低，应该结合学生在整个学习过程中的参与度、体能水平等综合判定。

（四）整体性评价与个体差异性评价相结合

对于一堂排球运动教学课来说，对全体学生学习效果进行整体评价，是对排球运动教学效果的检验指标。但是，由于学生身体素质和运动能力的不同，导致学生在进行排球学习时，不可能取得同样的效果，必须有针对性地进行个体差异性的评价，区别化对待，有利于帮助学生建立排球学习的信心，使学生对自己的排球学习效果有一个更加清晰的认识，从而更加积极地参与排球学习。

四、高校排球运动教学效果评价的内容

（一）排球运动教学管理体制

排球运动教学管理体制是排球运动教学评价的主要内容之一。排球运动教学管理体制评价的内容主要包括：高校是否已设立以校领导为首的排球运动教学机构；排球运动教学各层次的职责是否明确；领导能否对排球运动教学进行直接管理；分管校领导是否经常关心排球运动教学工作的发展；排球运动教学的规章制度是否建立和健全等。

（二）教师

对排球运动教学师资队伍的评价是评价排球运动教学效果的重要方面，对排球教师的评价包括以下两个方面。

1. 教师综合素质评价

（1）政治素质的评价。排球教师政治素质的评价主要有对教师在思想道德修养、文明行为习惯、政治理论的考核成绩、遵纪守法、工作态度、教书育人、为人师表、坚持四项基本原则、参与民主管理等方面的评价。

（2）知识结构素质的评价。对排球教师知识结构素质的评价包括两个方面：一是教师要熟练掌握教育学和心理学的相关知识，同时了解学生的身体发展和受教育规律，这样才能做到理论与实践相结合；二是必须具有全面系统的排球专业知识，并对相关学科的基本常识有所了解。

（3）能力素质的评价。排球教师能力素质的评价主要是指对教师完成教学工作的能力、独立进行体育教学活动的能力、教育管理学生的能力、表达能力、创新能力、开发和运用体育资源的能力和教育科学研究能力等的评价。

（4）心理素质的评价。排球教师心理素质的评价主要包括四个方面：一是思维敏捷、缜密，能向学生传授有严密逻辑的知识体系；二是观察力必须敏锐，能够及时通过观察学生的言行而对其内心世界有所了解，从而发现学生的潜力；三是情感丰富，能以自己乐观愉快的情绪感染学生；四是在意志品质方面必须非常可靠，面对困难能够迎刃而解，保证排球运动教学的顺利进行。

（5）可持续发展素质的评价。对排球教师可持续发展素质的评价主要是对教师接受新理论、新方法、新技术的能力进行考量，同时还要考虑教师的自学能力、教师寻求发展的能力，以及教师进行教学改革和教学科研的能力。其中，教师的教学发展潜能也是非常重要的一个方面。

2. 教师教学工作评价

（1）教学思想的评价。教学思想的评价是考核教师在排球运动的教学过程中，对于教书育人原则的坚持程度，是否注意学生的全面发展，是否有改革创新的精神等。

（2）教学技能的评价。教学技能的评价是考核教师的讲解语言是否准确、规范、简洁，对排球的专业术语是否有着正确的运用，动作的示范能否做到正确无误，在处理课堂突发事件时能否沉着冷静，使教学工作得以顺利进行。

（3）教学方法的评价。教学方法的评价是考核教师是否通过启发性来培养学生进行独立的思考、分析和解决问题的能力，并激发学生的创新意识；教学方法是否与学生的身心特点相符并有助于激发他们的学习兴趣和动机；教学中的直观因素是否能提高学生的学习效率。

（4）教学内容的评价。教学内容的评价是考核教师在教学中是否体现了科学性和思想性统一，教学活动是否紧紧围绕教学目标的安排，思想品德教育的内容是不是贯穿在课程当中，运动负荷的安排科学与否等。

（5）教学效果的评价。教学效果的评价是考核教师是否能调动学生学习的积极性和主动性，是否能激发和保持学生的运动兴趣并帮助学生形成体育锻炼习惯，是否培养了学生顽强、勇敢、团结合作的精神。

（三）学生

学生是排球运动教学的对象，对学生的评价重点在于其排球运动的学习，具体内容如下。

1. 排球学习评价

排球学习评价是指依据教学大纲所规定的学习目标和学习内容，对学生个体或群体的学习过程和学习成果进行价值判断的活动。具体包括对学生身体素质和运动能力、体育基础知识、排球运动技能、学习情感的评价。

2. 学习能力评价

学习能力评价是指对学生的排球学习能力状况以及个别差异有所了解，从而在排球运动教学目标的完成过程中获取更多的信息资料，达到培养学生排球运动技能的目的。

3. 思想品德评价

思想品德评价是指对学生在道德素养和行为表现方面的价值判断。

（四）教学客观条件

教学客观条件对排球运动教学的效果有着非常大的影响，是非常重要的内容。排球运动教学客观条件评价的内容主要包括排球运动教学场地、器材的配备是否符合标准，排球运动教学经费占教育经费的比例是否合理等。

1. 排球场地、器材

排球场地、器材是进行排球运动教学的硬件设施，因此，只有拥有良好的排球场地、器材，才能有效地实施排球课程，实现排球运动教学的目标。

2. 排球教学经费

一般情况下，排球运动教学经费包含在体育教学经费当中，高校领导对体育教学工作的重视程度决定了体育教学经费的充足程度。因此，要让高校领导意识到高校体育工作的重要性，进而认识到排球运动教学工作的重要性。

五、高校排球运动教学效果评价的准备工作

为了做好排球运动教学效果评价，获得更加真实的评价效果，应做好以

下几点准备工作。

（一）评价开始前的准备工作

评价开始前的准备工作主要包括：第一，要熟练掌握排球运动教学中整个评价指标体系的内容，并认真把握好整个评价工作的目的；第二，做好宣传和动员工作，使排球运动教学中所有成员都能够积极、主动地参与到整个评价的准备工作中，并认真地做好本职工作；第三，组织和建立有代表性的、强有力的评价工作领导小组和筹备工作组，明确职责、合理分工；第四，根据所建立的整个评价指标体系中的内容要求来进行资料的收集；第五，对收集来的资料进行分类、汇总，并建立相关的档案，然后对相关的原始材料进行核对查实；第六，根据相应的评价标准，开展较为客观的、实事求是的自评活动；第七，对自评工作中存在的缺陷进行修补；第八，填写各类报表，并撰写自评报告。

（二）评价进行中的准备工作

评价进行中的准备工作主要包括：第一，选择其中最具有代表性的人员来做好针对评价的汇报工作；第二，与评价组密切配合，共同做好各项考查、测试、座谈等工作；第三，组织相关人员来认真听取评价的结果和评价建议；第四，做好会务接待工作。

（三）评价结束后的准备工作

评价结束后的准备工作主要包括：第一，根据相应的评价结果、分析和建议，认真地制定相应的整改方案；第二，对制定好的整改方案进行有步骤、有组织、有措施的落实。

六、高校排球运动教学评价的具体步骤

（一）制定教学评价目的

理解为什么要进行评价是进行排球运动教学评价的首要环节。排球运动教学活动是在一定的目的指导下进行的。排球运动教学评价的具体目的不同，

评价的内容、组织形式和方法也不同。

(二) 成立教学评价小组

教学评价小组是进行排球运动教学评价的主体。成立教学评价小组时，要依据具体的情况确定小组的性质、规模及其人员构成。教学评价小组可以是连续性和稳定性的，也可以是临时性的。但是，无论是什么样的评价小组都必须具有一定的权威性。教学评价小组一般由分管领导和排球专家组成。

(三) 制定教学评价指标体系

制定教学评价指标体系是进行教学评价的关键步骤，通过建立相应的评价指标体系，可以更加清楚地反映排球运动教学的过程，对教师的排球运动教学进行科学反映。确立指标体系时，应该遵循科学合理的原则，恰当地使用相应的评价指标。

(四) 收集教学评价信息

收集教学评价信息是实施排球运动教学评价的一个重要环节。在排球运动教学评价过程中，收集教学评价信息的方法主要有以下几种。

1. 问卷法
评价者通过书面调查评价对象而获取评价信息。

2. 测验法
评价者依据评价内容编制一定的等级量表和标准试题，用以收集评价信息。

3. 访谈法
评价者依照访谈提纲，通过和评价对象面对面谈话或者是小组座谈会的方式直接收集信息。

4. 观察法
评价者依据指标内涵的要求和评价对象的特点，有目的、有计划地直接进行自然状态下或控制条件下的观察，进而获取评价信息资料。

5. 文献法

评价者通过查阅与评价对象有关的文字记载的材料来收集评价资料。

(五) 分析教学评价结果

在收集了相关教学评价的资料后，就要对其进行加工处理。只有依靠对评价资料的加工处理，才能做出科学的、正确的判断。同时，指出评价对象的优点及其存在的问题，并分析原因，进而提出改进办法和措施。在实施评价的过程中，如果发现方案有缺陷必须及时修正。

第四章　高校排球运动技术教学与训练

第一节　排球技术力学问题

一、启动与制动

（一）启动

人体的启动指的是从原本的静止状态到运动状态的转变过程。启动是为了促使个体在短时间内以较快的速度实现身体的移动。在现代社会，排球运动更加注重运动的快速性，所以在启动方面所提出的要求也比以往更高。从科学角度来讲，下列三个力学因素在很大程度上影响着启动的速度。

1. 启动方向上的稳定角

稳定角即支撑面两边缘上相应两点与物体重心连线所形成的夹角，表示物体的稳定性。在支撑面一定的情况下，如果物体的重心位置较高，重心在支撑面上的投影点到支撑面边界某个方向的距离较短，在这个方向上的稳定角就小。因此，在支撑面一定的情况下，物体在某一方向上的稳定性取决于其重心的高度和重心在支撑面上的投影点距支撑面相应边界的距离。启动方向上的稳定角越大，启动越慢；稳定角越小，启动越快。

2. 支撑反作用力

物体所受到的作用力和其改变原本运动状态的速度成正比，即作用力越大，速度越快。支撑反作用力指的是人的腿部在蹬向地面时所受到的地面给予的作用力，该作用力的大小等同于人腿蹬地的力量，并且这两种力量的方向是相反的。通常人受到的支撑反作用力越大，就能够以更快的速度实现身体的启动。

3. 蹬地角

蹬地角是指在蹬地时支撑反作用力的作用线与水平方向的夹角，其大小决定支撑反作用力在水平方向上分力的大小。蹬地角越小，水平方向获得的分力越大，启动就越快。

（二）制动

人体从开始的运动状态向静止状态转变的过程被称作制动。制动的过程和启动的过程可以说是全然相反的。人体在制动时，个体需要跨出较长的距离，让跨出的那只脚蹬向地面，从而让地面产生的反作用力作用于人体，对人体起到一定的支撑作用。反作用力和重力的合力方向与人体的运动方向相反，两种力彼此冲突平衡，使得个体移动的速度逐渐降低，并最终让个体处于静止状态。通常来说，下列因素会给制动的速度造成影响。

1. 支撑反作用力

支撑反作用力和制动的速度成正比，即支撑反作用力越大，制动的速度就会越快。

2. 支撑反作用力与地面夹角

支撑反作用力与地面夹角越小，制动越快。排球运动中往往可以通过重心下降、上体后仰等减小该夹角。

二、起跳

在现代社会，排球运动更加注重高、快相结合，比赛的激烈程度也非以往所能相比。在赛场上，队员们更倾向于通过拦网、扣球来为队伍争得分数，而无论拦网还是扣球，其动作的完成程度在很大程度上是由队员的弹跳能力决定的。所以在排球运动中，弹跳不仅要达到一定的速度，还要达到一定的高度。

排球运动涵盖很多类别不同的跳跃动作：以起跳脚为分类依据，可将跳跃动作分为单脚起跳和双脚起跳；以跳跃方向为分类依据，可将跳跃动作分为竖直向上跳和向前冲跳；以助跑方式为分类依据，可将跳跃动作分为原地起跳和助跑起跳等。

下肢的有力蹬伸与上半身、手臂的加速运动等，会生成一种方向朝下的惯性力，这种力量借助双脚的传导直达地面，这时地面就会将支撑反作用力作用于人体，而支撑反作用力和重力会形成一种合力，让人体形成一种方向朝上的加速度，促使个体的身体顺利腾空。

一般而言，对跳跃的高度造成影响的因素有如下几种：起跳时双腿各关节及肌群的爆发力、起跳上半身和手臂向上运动的加速度、个体起跳的方向。具体来说，在其他因素和条件保持不变的前提下，个体竖直起跳有助于个体最大限度地得到竖直方向分力，从而获得最大起跳高度。若是同时兼顾高度和远度，那么就要对蹬地的角度进行一定调整，令个体获得水平方向分力，促使个体实现较为理想的冲跳。

三、旋转球与飘球

通常排球的飞行路线在很大程度上取决于其本身的运动状态，这里所说的运动状态涵盖以下两种——旋转状态及飘晃状态，由此形成旋转球与飘球。下面具体分析两种运动状态的形成原因。

（一）球体形成旋转状态的原因

当击球的作用力不直接作用于球体重心时，就会出现旋转力矩，从而使得球体处于旋转状态。球的旋转也可以分为不同的类型，具体有前旋、后旋、左侧旋和右侧旋。当球的飞行方向是正前方时，球的各个表面的空气都会相应地流向后方，并且这些气流都有着相同的流动速度。若是球体处于旋转状态下，那么其周围气体流动的速度就不会十分均匀。举例来说，当排球处于前旋状态时，球体上部的运动方向是朝前的，此时球体周遭空气的流动方向也是向前的，就会和向后流动的空气形成相反的运动方向，这样位于排球上方的气体流动速度就会变慢。上旋球球体下部向后运动，带动气体也向后运动，与球体下方向后流动的空气的流向相同，球体下方的气体流速增快。气体流速较小的地方压强较大，气体流速较快的地方压强较小。所以前旋球球体上方的压力大于下方，球在飞行过程中要偏离原来预定的抛物线轨迹而向下飞行，旋转越快，影响越大。同理，后旋球的运动轨迹偏离预定轨迹向上，左侧旋球向左、右侧旋球向右偏离。

（二）球体形成飘晃状态的原因

对于排球形成飘晃状态的原因尚未形成明确的定论，当前专家、学者在这方面的观点大体如下。

（1）如果外部施加的力能够与排球重心重叠，那么球会在不旋转的状态下朝着前方飞出去，而通常不存在旋转轴的物体并不具备稳定的飞行轨迹，所以这些球体的飞行会有一定的摆动感。

（2）球的振动在一定程度上改变了球体的形状。球体在振动时其形状也出现一定幅度的变化，变形部分周遭的空气流动速度也处于变化之中，故而压强差也会出现不同的变化，这就使排球在飞行的过程中发生路线的变化，从而看起来飞行并不稳定，有飘晃感。

（3）球在不旋转的状态下向前移动，会受到空气的阻挡，其速度会慢慢降低，移动出 5～10 米时，排球所受到的压力会急速增加，从而发生失速的现象，其移动路线也必然随之改变。

（4）不旋转的排球在空中移动时，其后的空气密度较小，压力在短时间内大幅降低，故而会在球后产生旋涡。这些旋涡的大小和其作用于排球的阻力是成正比的。旋涡对球的飞行会产生干扰和阻止的作用，从而令球体的飞行状态呈现出摇晃的感觉。

（5）球体表面布有多条黏合线，它们有的和空气流动方向一致，有的则和空气流动方向不同，这种差异会引起空气对流速度的变化，从而形成一定的阻力差，令排球的运行路线发生偏离。

（6）在球体不旋转飞行的前提下，以大小相同的力对排球的特定部位朝着相同的方向击打，此时，若是排球的球嘴朝上，那么球的飞行路线就会发生向上的偏移；若是排球的球嘴朝下，那么球的飞行路线就会发生向下的偏移。

四、入射角与反射角

根据光学镜面反射原理可知，入射角和反射角是相等的。该原理可以应用到排球领域，对垫球动作做出一定说明。飞来的不旋转排球在接触到运动员的手臂之后，其反弹出去的角度和其触及手臂时的角度基本上是相同的。若是飞来的旋转球接触到运动员的手臂，那么球体自身的旋转就会加大排球和手臂之间的摩擦力，与此同时，手臂也会赋予排球一个同等大小、方向相反的反作用力，而此种反作用力和垫击力的合力方向与排球弹出方向往往是一致的。在垫击排球时，垫出球的弧度和手臂垫击平面与地面所形成的夹角有着较大的关联。通常而言，手臂和地面之间形成的夹角越大，垫出球的角度往往就会越平；相反地，手臂和地面之间形成的夹角越小，垫出球的角度就会有更大的弧度。

五、挥臂速度

人在击打排球时，往往会上臂先发力，以此来带动前臂运动，继而将力量传导至手腕做出击球的动作，这又被称作上肢鞭打动作。上肢鞭打动作通常是部分与部分之间的带动及力量的传导，在排球运动中，上肢鞭打动作往往需要按照下列顺序带动：躯干—肩膀—上臂—前臂—手，从而令人体的大小关节能够按照顺序展开运动。上肢鞭打动作要有力且快速。为了做好上肢鞭打动作，个体应当首先将相关肌肉调整至放松状态，唯有如此，挥动的速度才能够达到较为理想的状态。

第二节　准备姿势与移动教学

在排球运动中，准备姿势和移动是发挥重要作用的无球技术，是排球运动员必须掌握的技能。唯有掌握上述两项技能，运动员才能够顺利做出各种有球技术，并且不同的有球技术需要借助这些无球技术来实现衔接。准备姿势和移动二者是相辅相成的，做好准备姿势的目的在于为后面的移动动作奠定基础，可以说运动员实现快速移动的前提就是做好准备姿势。

一、准备姿势

为了更便捷地实现技术动作，个体会将身体调整至合理姿势，该姿势又被称作准备姿势。准备姿势不仅能保持身体重心的稳定，还能方便运动员迅速做出击球动作，有利于运动员在需要的时候实现快速启动并做出动作。一般来讲，按照身体重心的高低，准备姿势可分为半蹲、稍蹲和低蹲三种。

（一）半蹲准备姿势

1. 动作方法

半蹲准备姿势动作方法：两脚分开大致与双肩平齐或比双肩稍宽，其中一只脚稍微靠前放置，脚尖向内收拢，脚跟提高一定的高度；膝关节微微弯曲，其投影位置应当在脚尖之前；上半身稍微向前倾斜，将身体重心前移；让双臂处于放松状态并微微弯曲，两手放置在腹部前侧；全身肌肉整体呈适当放松状态，目光专注于来球，双脚处于微动状态。

2. 技术分析

膝关节微微弯曲，脚后跟距离地面一定高度，这种姿势有利于个体在最短的时间内朝不同方向蹬地启动，预先拉长伸膝肌群和增大移动时的后蹬力量，也便于及时起跳、下蹲和倒地。上半身稍微向前倾斜能够为个体向前方或者向侧前方移动做准备，双手放置在腹部前侧的位置有利于个体快速做出伸臂、摆臂等动作，确保个体能够顺利击打到来球。另外，相较于紧绷的肌肉来说，处于适度放松状态的肌肉更便于迅速启动。双脚微动能够保持个体神经系统的兴奋感，确保克服肌肉静止惯性，确保肌肉在较短的时间内实现收缩动作。

3. 技术要点

技术要点：屈膝提踵，含胸收腹，微动。

（二）稍蹲准备姿势

稍蹲准备姿势比半蹲准备姿势的重心稍高，动作方法相同。

（三）低蹲准备姿势

相较于半蹲准备姿势而言，低蹲准备姿势的重心更加靠前并且处于更低的位置，双脚无论是在左右方向上还是在前后方向上都有着更大的距离，膝盖相较而言也更加弯曲；肩膀的投影应当超过膝盖，膝盖的投影应该超过脚尖，双手放置在胸腹之间的位置。

二、移动

从启动到制动的过程被称作移动。个体移动是为了更迅速地拉近和来球的距离，营造较为理想的人与球的位置关系，方便个体做出后续的击球动作。通常个体移动的速度在很大程度上决定了个体能否在场上占据有利位置，能否为自己争取更多的击球空间和时间。而移动的及时与否在很大程度上决定着技战术的实现程度。通常，移动包含下列几个环节：启动、移动步法和制动。

（一）启动

启动处于移动的初始阶段，指的是在做好准备姿势的前提条件下，对身体重心加以变化，令准备姿势不再处于相对平衡的状态，从而促使身体顺利地朝着目标方向进行移动。

1. 动作方法

围绕不同的现实情况做出最有利的准备姿势，确保个体能够以更快的速度朝特定方向移动。举例来说，在向前移动时，个体在做好合理准备姿势的前提条件下，以较快的速度朝前方抬腿并收紧腹部，将上半身朝前方探出，与此同时，后腿以较大的力气、较快的速度蹬向地面，促使个体身体拥有较快的启动速度。

2. 技术分析

从力学的角度来说，启动的原理就在于打破原本的身体平衡。个体朝前方抬起腿部，使得身体不再处于平衡状态，朝前倾斜，而这种不平衡则促使人体实现启动。上半身向前倾斜并且收紧腹部，能够实现重心向前、向下移动，从而缩小蹬地角，令后蹬的水平分力得以加大，令启动得到理想的速度。启动时的主要动力来源于蹬地肌肉的爆发式收缩，蹬地腿预先拉长肌肉的爆发力越大，启动就越快。

3. 技术要点

技术要点：抬腿蹬地，打破原本身体的平衡状态。

（二）移动步法

在排球运动中，移动步法实际上是十分多元的。对于个体来说，实现身体的成功启动后，应当及时以现场战术、技术等的需求为依据选取最佳移动步法。

1. 动作方法

（1）并步与滑步

若是并步朝左边移动，那么就要让右脚用力蹬向地面，左脚朝左侧跨出一定的距离，右脚以较快速度并至左脚，为击球做好准备。而滑步便是连续并步。

（2）跨步与跨跳步

若是跨步朝前方移动，那么后腿用力蹬向地面，前腿朝着来球方向跨出一定的距离，此时膝盖微微弯曲，上半身向前倾斜，把身体重心置于前方腿上。跨步可以向前方跨步，也可向侧边跨步。跨步过程中有跳跃腾空即为跨跳步。

（3）交叉步

交叉步指的是身体在朝侧边移动时两只脚以交叉的方式进行移动。举例来说，个体在做左交叉步时，上半身微微朝左转动，右脚交叉在左脚之前，向左迈一步，之后左脚朝着左边方向跨出较大一步，同时身体以来球方向为依据进行角度调整，确保身体处于良好的准备姿势以便击球。

（4）跑步

跑步时往往需要双臂配合做出摆动动作。在球场上，若是球从后方或者是从侧方飞来，那么应当同步进行转身和跑步动作。

（5）综合步

综合步是以上各种步法的综合运用。

2. 技术分析

在并步移动时注意后腿以较快的速度跟进，这样能够更好地将身体保持在平衡状态，方便后续的击球动作。

跨步移动时身体通常有着较大的动作幅度，但将身体重心置于较低的位置时，有利于更好地接触低处来球。

交叉步需要动用两只脚进行移动，相对于跨步移动来说，其移动的距离会更远一些。

3. 技术要点

技术要点：抬腿弯腰移重心，第一步要快。

（三）制动

快速移动完成后，为减缓惯性所带来的冲力，令身体的击球姿势变得更加平衡和稳定，个体需要对制动技术加以运用。

1. 动作方法

（1）一步制动法

在移动的最后跨出一大步，并且将重心置于较低的位置。膝盖和脚尖微微朝内转动，整个脚掌从横向角度蹬向地面，让身体重心不再按照原本的轨迹移动，此时腰腹部收紧发力，增强对上半身的控制，让身体重心的投影落在两脚所构成的支撑面内。

（2）两步制动法

两步制动时，以倒数第二步做第一次制动，紧接着跨出最后一步做第二次制动，与此同时，身体朝后仰，将重心压低，双腿用力蹬向地面，调整至恰当姿势，从而让身体方便做出后续的动作。

2. 技术分析

从根本上来说，制动就是让身体恢复到原本的平衡状态。在最后的跨步中当脚用力蹬向地面时，地面会将支撑反作用力赋予人体，其水平分力与身体的移动方向恰恰相反，两种力彼此抵消从而令身体重心以较慢的速度移动。最后跨步时，将身体上半身向后仰，令身体重心进一步降低，缩小蹬地脚，扩大稳定脚，从而更好地实现制动。

3. 技术要点

技术要点：跨步要跨出较远的距离，注意将身体重心下移。

三、准备姿势与移动运用

在扣球助跑之前，对方在做进攻的组织准备工作，无须快速反应启动时，通常会用到稍蹲准备姿势。半蹲准备姿势多用于接发球、拦网和各种传球时。低蹲准备姿势主要用于防守和各种保护动作时，其重心低，便于倒地和插入球下防守低远球。

队员以自身的防守位置为依据选取准备姿势中较为适宜的双脚站立方法。为了与来球的方向相对，更好地实现快速移动，在左半场区时左脚置于前侧，身体角度稍微向右旋转；在右半场区时，则更适宜将右脚置于前侧，身体微微朝向左侧。

并步的优势在于能够让身体处于平衡状态，为后续的击球动作做好准备，它更多地用在传球、拦网、垫球等方面；跨步适用于来球较低、离身体 1~2 米的来球；当来球距体侧 3 米左右时，可采用交叉步，交叉步的优势在于步幅较大、速度较快、有明显的制动效果，它更多地用在拦网、二传、防守等方面；若是来球和身体有着较长的距离，那么可以跑步前进。移动时要保持较快的速度，重点在于围绕不同情况选用最合适的步法，以便顺利地应对来球。为了实现预期的击球效果，在移动动作做完之后，个体应确保自己能够正面击球，或者是通过良好的击球面对球进行击打。通常，在短距离移动之后且不具备较大前冲力时会采用一步制动法；若是在快速移动之后仍然有较大的前冲力，则通常会采用两步制动法。个体可以通过不同的方法实现制动，而制动的要点在于保证最后一步有较大的步幅。

四、准备姿势与移动的教学训练

（一）教学顺序

首先学习基本的半蹲准备姿势，然后学习稍蹲和低蹲准备姿势。按照并步、跨步和交叉步的顺序学习移动，同时介绍滑步、跑步和综合步。准备姿势和移动的教学应同时进行。

（二）教学步骤

1. 准备姿势的教学步骤

讲解内容：在排球运动中准备姿势的作用和应用；准备姿势的技法、类别；稍蹲、半蹲、低蹲这三种准备姿势的相同点和不同点。

示范：教师在做出正确示范动作的同时要配上必要的讲解。教师既要做正面示范动作，也要做侧面示范动作。

组织练习：先在原地进行练习，之后在移动的状态下进行练习。

纠正错误动作。

2. 移动的教学步骤

讲解内容：在排球运动中移动所发挥的重要作用及移动的目的；移动和准备姿势之间具备何种关联；移动步法的类别、动作方法、要点及应用时间。

示范：教师在做出正确示范动作的同时要配上必要的讲解。教师既要做正面示范动作，也要做侧面示范动作。

组织练习：徒手练习、结合球练习、结合其他基本技术练习。

纠正错误动作。

（三）练习方法

1. 准备姿势的练习方法

分两横队站立，在教师的讲解下做出正确的准备姿势。

将班级分为若干小组，两人一组，其中一人负责做准备姿势，另一人则查看其姿势是否正确，若不正确则加以改正。两人互换角色。

原地做跑步动作，并根据教师的指导对准备姿势加以变换。

2. 移动的练习方法

（1）徒手练习

做好半蹲准备姿势，根据教师的手势和信号练习不同方向、不同类型的移动步法。

两两一组，面对面站好，一人朝任意方向移动，另一人也朝同方向移动。

以滑步和交叉步进行 3 米往返移动，手触及两侧线。

从端线起，以教师规定的步法进 6 米，退 3 米，如此连续往返进到场地的另一端。

（2）结合球练习

两两一组，面对面站立，彼此之间的距离约 6 米，双方各拿一球，双方在同一时间将球朝对方滚去，让球停留在对方侧体约 3 米的地方，通过移动将球接住之后再将球滚给对方。重复这些动作。

两两一组，一人抛球至 2~3 米处，另一人通过移动对准来球，并且用双手在额前接住球。

成纵队立于网前，依次接教师抛向场地不同方向及不同弧度的球。

（3）结合其他技术练习

结合准备姿势练习，结合传、垫、扣等技术练习。

第三节　发球技术教学

在排球技术中，发球可以不受他人的制约。发球可以被视作比赛或者进攻的开端。在排球比赛中，首次真正的进攻便是发球。若是发球具有较强的攻击性和准确性，不仅能够为本方赢得分数或者令对手的战术组合遭到破坏，从而让本方在防守方面不用承受过大的心理压力，为后续的反击做好准备，还能够在比赛开端起到鼓舞人心、激发动力等作用，增强对手的心理压力。相反地，若是发球时没有达到理想的效果，则会令本方丧失得分机会，增加本方防守难度，且十分被动。若发球出现失误，则会导致失分或者失权。由此可知，在排球比赛中，发球具有极为重要的作用，理应受到人们的重视。

一、发球技术的动作方法

以发出球性能的不同，可以将发球划分成如下两种类型：一种是发飘球，另一种是发旋转球。发飘球主要有正面上手发飘球、勾手发飘球等，发旋转球主要有正面上手发球、跳发球、正面下手发球、侧面下手发球、勾手大力发球、侧旋球和高吊发球。

(一) 正面上手发飘球

正面上手发飘球是采用正面上手的形式，使发出的球不旋转、不规则地飘晃飞行的一种发球方法。正面上手发飘球时面对球网，以便观察对方接发球情况。

1. 动作方法

正面上手发飘球的准备姿势和正面上手发球是相同的，但是其抛出球的位置更低、更靠前。在抛球时，手臂弯曲并且后引，上半身微微朝后仰。在击球之前，手臂从后方沿着直线的轨迹向前挥动。击球时，将五指合拢，并且手腕向后压，用掌根平面位置对球的中下部进行击打，让作用力能够和球体重心有所重叠。在击球片刻，手腕和手指都保持紧张状态，不做推压动作，手臂挥动到触球时突然停止前移。击球时的发力方式应当迅速、突然。

2. 技术分析

相较于正面上手发球来说，其抛球偏低、偏前，这样一来，手臂在击球时能够更加容易地朝前用力。击球之前，手臂是按照直线的轨迹进行移动的，这种运动轨迹方便作用力与球体重心相重叠，让球体在飞行时不发生旋转现象。用掌根或者是手臂上其他较为坚硬的地方击打来球，这样缩小了击球面积，让击球的力更加短促且集中，从而击出的球容易发生飘晃现象。击球时手指、手腕的紧张状态以及击球手臂的突停动作，能够让球体以较快的速度离开击球手，让手对球的作用时间被极大地压缩，从而令球出现较为突出的变形，这样球在飞行时就会更容易出现飘晃的现象。

3. 技术要点

技术要点：抛球，直线挥臂，短促击球，作用力通过球体重心。

(二) 勾手发飘球

勾手发飘球又被称作勾手飘球，简称勾飘。勾手发飘球是侧对球网站立，利用勾手的形式，使发出的球不旋转、不规则地飘晃飞行的一种发球方法。

这种发球方法能够较多地借助下肢和腰部力量，所以不仅可用于近距离发球，也非常适合于远距离发球。

1. 动作方法

双脚自然分开站立，让身体侧对着球网，左手拿排球并置于胸前位置，平稳地把球抛出，使之落在左肩前上方大概一手臂高的地方。击球时，用右脚发力蹬向地面，上半身朝左转动的同时开始发力，让身体带动手臂顺利做出挥臂动作。挥动时保持手臂呈伸直状态，用掌根在右肩的左上方击球的中下部。在击球前，瞬间加快挥臂的速度，让手部始终沿着直线轨迹挥动，击球时将五根手指并在一起，手腕朝后弯曲并且呈紧张状态，手臂挥动过程中找准时机做突停动作。

2. 技术分析

借助上半身的转动及脚部的蹬地力量，促使手臂以较快的速度完成挥动动作，减轻肩关节负荷，这样便于发出长距离飘球。用掌根对球的中下部进行击打，触球面积极大减小，力量十分短促，并且集中在球体的小部分位置，容易让球在飞行过程中出现飘晃。也可用半握拳或拇指根部击球。

击球点不在伸直手臂的最高点，便于手臂在击球前保持一段直线挥动，从而使作用力通过球体重心，使球不产生旋转。击球时手指、手腕的紧张状态及击球时手臂挥动突停动作的原因与正面上手发飘球相同，是为了保证球的飘晃。

3. 技术要点

技术要点：抛球，转体发力，直线挥臂，短促击球，作用力通过球体重心。

（三）正面上手发球

正面上手发球时，为了方便对球场情况进行观察，站立时应当面朝球网。这样能够增加发球时的准确性，并且可以借助转体、蹬地、收腹等动作促使手臂以较快的速度挥动，借助手腕、手指的推压动作，从而令发球的速度和力量都达到理想状态，同时能够让球处于前旋飞行状态，降低出界的概率。

1. 动作方法

正面上手发球时，队员面朝球网站立，双脚自然地前后放置，相隔适当的距离，左脚置于前侧（以右手发球为例，下同），左手持球放置在身体前侧，手掌平托排球，用手臂微微发力将球推向上方，以恰当力度将球抛出，将之抛至右肩前上方的适当位置。左手抛球时右臂顺势抬高。屈肘后引，肘与肩平，上半身微微朝右侧旋转。击球时，借助转体、蹬地、收腹的力量促使手臂以较快的速度挥动，在右肩前上方伸直手臂，以全手掌击球的中下部。对球进行击打时，五指呈自然张开状态，和球体的形状相吻合，手腕发力并以较快的速度做出推压动作，让排球在被击中后能够以前旋的状态飞行。毫无疑问，用右手或者用双手抛球都是可以的。为了让发球更具攻击性、力量更强，运动员还可以向前移动几步让自己更好地完成正面上手发球动作。

2. 技术分析

做准备姿势时，将左脚置于身体前侧，便于身体朝后侧旋转以及右臂的后引，同时也方便身体朝左转动挥动胳膊击中来球。抛球时要注意准确、稳定且抛至适当的高度，这样能够让击球动作具有更高的准确性。若抛出的球过于靠前，则容易让击球变为推球，从而容易让球被网拦住，无法将转体及收腹的力量最大限度地发挥出来；若抛出的球过高，则不利于对击球时机的把控；若抛出的球过低，则挥臂用力时间会不充足。挥臂前肘关节后引，能够令胸腹或者手臂部分肌肉被一定程度地拉长，从而累积弹性势能，并且能够延长挥臂，从而能够令转体和挥臂具有更快的速度，让挥臂的力量也有所提升。击球时转动身体并且收腹发力，让腰部、肩膀、上臂、前臂、手腕形成力量传导机制，并最终将力量传至手部，令手部的速度实现最大化。击球时双脚用力蹬向地面，让上半身以较快的速度向前运动，并且令手臂挥动的速度加快，便于击球力量的提升。用整个手掌对球的中下部进行击打，可以让击球面积最大化，让手作用于球体的时间得到延长，从而更好地实现对球体的控制。手腕的推压动作能够使球呈前旋飞行，降低球出界的概率。

3. 技术要点

技术要点：抛球，弧线挥臂，包击推压。

（四）跳发球

跳发球是一种常用的发球方法，指的是通过助跑起跳让身体腾空，直接将空中的球击到对方的场区内，它能够让进攻的力量变得更加明显。跳发球能够实现跳发飘球，但大部分情况下是做跳发旋转球。这种发球方式有着比其他方式更高的击球点，因此个体能够有足够的伸展空间，能够最大限度地用力击球，故而最终发出的球的速度、力量兼备，且有着突出的旋转性。

1. 动作方法

跳发球时，面对球网，站在距端线 2~4 米处，利用单手或双手将球抛在前上方，随着抛球离手向前助跑跳起。起跳的过程中，要注重加大双臂的摆动幅度。在对排球进行击打时，要借助转体和收腹动作对手臂加以带动。击球点应当位于右肩膀的前上方位置，击球时保证手臂处于伸直状态，用整个手掌对排球的中下部进行击打，并且施以一定的推压，确保最终令球处于前旋飞行状态。做完击球动作之后，微微屈膝缓冲落地，并尽快来到场内。

2. 技术分析

助跑起跳让身体具备水平方向上的初速度，并且令击球力量有所增加，将击球点提至更高的位置，让排球飞行线路的弧度有所降低，从而有效增加排球的威胁性。

3. 技术要点

技术要点：抛球，助跑起跳，腰腹发力，包击推压。

（五）正面下手发球

在正面下手发球过程中，身体与球网正向相对，手臂先撤至后下方，之后朝前方挥去，并在腹部前侧击中排球，使之顺利落入对方场区。此种发球方法动作方便易学，比较适用于初学者。

正面下手发球时，身体面朝球网站立，双脚自然分开，呈一前一后放置，左脚置于前侧，双膝微微弯曲；上半身稍微向前倾斜，重心更多地落在后脚上。左手持排球，置于腹部前侧，稍用力抛排球至身体右前侧，让排球与手部之间的距离在 20 厘米左右，做完抛球动作后将右臂伸直，以肩膀为轴心朝后侧摆动，此时右腿用力蹬向地面给身体提供力量，身体重心在右手朝前摆动的过程中逐渐转移到前方的左脚上；在腹前以全手掌、掌根或虎口击打球的中下方。

（六）侧面下手发球

侧面下手发球指的是以身体侧面对着球网站立并进行下手发球的一种方法。此种发球方式简单易学，适宜初学者进行学习与应用。

侧面下手发球时，以左肩膀对着球网，双脚分开自然站立，两脚之间的距离大致等于肩宽，双膝微微弯曲，上半身微微朝前倾斜，将重心放置在双脚之间；左手平稳地将排球抛起来，让球处于身体前侧和身体距离大概一臂远的位置，让球与手的距离保持在20～30厘米；抛球时，队员将右臂伸直朝后下方的位置摆动，并将右脚用力蹬向地面，身体用力朝左转动，借此力量带动右臂挥动至前上方的位置，在腹部前侧位置用掌根、虎口或者是整个手掌对来球的中下方位置进行击打。

（七）勾手大力发球

勾手大力发球是采用勾手的形式，充分运用全身的爆发力，发出力量大、速度快、弧线低、旋转力强的球的发球方法。

勾手大力发球时，以身体的侧面与球网相对，双脚分开，与肩同宽，用左手或者双手持球，并将其置于胸腹前侧，把球抛出至左肩上方位置，抛出的高度约为1米；抛球的过程中，微微弯曲两腿，上半身倾斜至右侧，并且适度朝右侧扭转身体，右臂此时摆动至右后方，身体重心置于右脚上；对排球进行击打时，借助右脚蹬地、身体转动的力量，促使右臂在伸直状态下做出弧形挥动动作，与此同时将原本置于右脚上的重心转移到左脚上；手臂在伸直的最高点，在左肩的前上方以全手掌击球的中下部。击球时，手指自然张开与球吻合，手指手腕主动做推压动作，使球产生强烈的前旋。为了增强勾手大力发球的攻击性，还可采用助跑勾手大力发球。

（八）侧旋球

按照发出的球在飞行时旋转的方向，侧旋球可分为左侧旋球和右侧旋球。

侧旋球的准备姿势、抛球和手臂的挥动动作与正面上手发球相同。击球时，以全手掌击球的右（左）部，从右（左）向左（右）带腕，做旋内（外）的动作，使球向左（右）侧旋飞行。

（九）高吊发球

高吊发球的发球方式相较于其他方式而言有着较高的位置，并且会出现旋转，可利用球体下落的速度和弧线造成接发球困难。因为此种发球方式有着较大高度，且易受光线和风力的影响，故较适合在室外运用。

高吊发球时，以身体的右侧与球网相对，双脚分开一定距离自然站好，将右脚置于前侧，将重心转移到右脚上。双膝微微弯曲，上半身稍向前倾斜。左手负责做出抛球动作，将球抛至脸前，使球在身前一臂远的地方落下。在抛球的瞬间，将右臂摆动至后侧方向，之后通过蹬地展腹的力量带动右臂挥动至上方位置，在击球前弯曲手肘并以更快的速度挥动前臂，在腹部前侧用虎口对排球的下部偏左处进行击打，让排球在发生旋转的同时朝高处飞出。

二、发球的注意事项

（一）抛球稳

抛球是否稳定是影响发球准确性的主要因素，每次抛的高度和距离都应基本保持稳定，忽高、忽低、忽近、忽远都会影响发球的准确性。

（二）击球准

确保击球时保持正确的手型，并且所击打的排球部位也应当十分精准，唯有如此，才能够让击出的球具有理想的性能。

（三）手法正确

击球手法在很大程度上决定着击出球的性能。若手法存在一定的偏差，则最终击出的球可能不具备球员所期待呈现的性能。

（四）用力适当

用力大小与发球站位的远近、击球弧度的高低、发出的球的性能、落点密切相关。

三、发球技术的运用

在发球的过程中，要从比赛实际情况出发，找准发球的目标位置、确定最佳发力方式、控制发球落点，在此基础上，灵活运用不同的发球技术，争取让击出球的性能与预期相符。

四、发球技术的教学训练

（一）教学顺序

发球技术有着多元类别，其动作难度自然也各不相同，在教学过程中要以学生的身心特点、学习特征、实际水平等为依据来确定教学的顺序及内容。与此同时，对发飘球技术的教学与对发旋转球的教学应当交替进行，从而让学生对这两种发球方式有更深刻、更清晰的理解。

（二）教学步骤

1. 讲授

教师应讲清楚发球在排球比赛中的作用及其所占据的地位；讲解发球的具体动作、方法；对抛球、击球、手法三要素进行深入、细致的讲解。

2. 示范

教师应先整体示范一遍正确动作，之后边示范边讲解，通过对动作的分解帮助学生理解；讲解完之后再进行完整的动作示范。

3. 组织练习

组织练习，如徒手练习、结合球练习、结合球网练习、结合战术练习。

4. 纠正

让学生自行完成所学的发球动作，教师对其中的错误及不足之处予以针对性地纠正和讲解。

（三）练习方法

1. 徒手练习

在不持球的情况下练习抛球的技巧。

在不持球的情况下练习发球动作，如抛球、击球、挥臂、引臂等，在练习时注意动作的连贯性。

2. 结合球练习

展开排球的自抛练习，抛球的高度、位置应当与发球动作的要求相符合。

在练习抛球的前提下注重练习挥臂和引臂动作，注意抛球引臂与挥臂击球动作之间的配合。

与墙面保持适当距离，练习对墙发球，并且把抛球、挥臂、击球、用力这些不同的环节熟练地串联起来。

两两结为一组，彼此之间站立的距离约为9米，互相练习发球动作。

3. 结合球网练习

学生与球网保持较近的距离，在有球网的情况下进行发球练习。

学生站在端线的位置练习朝对方场区发球。

学生站在端线左、中、右这三个位置朝对方场区发球。

学生站在端线的近端、中端、远端位置朝对方场区发球。

4. 结合战术练习

学生把场地分成若干区，向指定区域内发球。

学生向接发球站立的空当发球。

学生向场地边、角处发球。

第四节　垫球技术教学

在排球比赛中垫球技术是必不可少的，它更多地用在接发球、接扣球和接拦回球等方面，它在组织进攻及防守方面发挥着极为重要的作用。在比赛中若能更好地接发球，则能够顺利进行进攻，为本队伍赢得主动权；在比赛中若能更好地接扣球，则能够让队伍的组织和防守更占优势；在比赛中若能更好地接拦回球，则能够扭转本队伍在比赛中的被动局势。所以，在排球比赛中，垫球是扭转局面、赢得分数的一项关键技术，是激发队员热情、稳定队员情绪的有效方式。垫球还可在无法运用传球技术进行二传时用来组织进攻或处理来球。

一、垫球技术的动作方法

垫球技术的动作方法主要有正面双手垫球、体侧垫球、背垫、挡球、跨步垫球、滚翻垫球、前扑垫球、单手垫球、侧卧垫球、鱼跃垫球等。

（一）正面双手垫球

正面双手垫球是一种基础垫球动作，指的是双手置于腹部之前对来球进行垫击的方法。它能够用在各种发球、扣球和拦回球中，在不利局面下也能够用其组织进攻。

1. 动作方法

正面双手垫球的基本手型有抱拳式、叠掌式和互靠式，无论采用哪种手型都应注意手腕下压、两臂外翻。正面双手垫球按其垫击来球力量大小可分为垫轻球、垫中等力量来球和垫重球。

（1）垫轻球

垫轻球时，身体呈半蹲状态，在排球飞来的过程中，将双手调整至垫球手型，将手腕向下压，双臂外翻构成平面。当排球与腹部仅仅相距一臂的距离时，双臂朝前伸直并向内夹紧，置于排球下方，并朝着前上方起身抬臂，借助桡骨内侧平面对来球的后下部进行击打，在击打来球的同时将身体重心向前移动，让击球点的位置处于腹部前侧。

（2）垫中等力量来球

垫中等力量来球的动作方法与垫轻球相同。来球有一定力量，所以击球动作要小，速度要慢，手臂适当放松。

（3）垫重球

垫重球时，要根据来球的高低和角度，采用半蹲或低蹲准备姿势。击球时含胸、收腹，帮助手臂随球屈肘后撤，并适当放松，以缓冲来球力量。在撤臂缓冲的同时，用前臂和手腕微小的动作控制垫球方向和角度。

2. 技术分析

队员应当以来球的角度、高度及自身腿部力量为依据来确定自己所做出的准备姿势，在不对快速启动造成负面影响的基础上，队员要适当压低重心，让自己更方便地将双手置于来球的下方，并且也让低垫高挡变得更加方便。

触球部位位于腕关节之上大概10厘米的桡骨内侧，此处皮肤面积大并且整体较为平整，借助此处肌肉的弹力能够对来球的冲击力量加以缓冲，从而增强起球的稳定性及准确性。

击球点保持在腹前，以便控制用力大小、调整手臂击球角度和控制球的落点及方向。

队员应当以来球的弧度、力量为依据来决定自身的发力力度及发力方法。垫轻球时，主要通过手臂向上抬高的方式，加大身体对球的反弹力量，若想提升垫球的远度及高度，就要在做出抬臂动作的同时，配合蹬地跟腰及提肩动作；对中等力量来球进行垫击时，因为来球本身具备一定力量，所以在对来球进行迎击时控制好动作的幅度和速度，重点借助排球自身具有的反弹力量实现回击，以免出现过大弹力；对重球进行垫击时，因为飞来的排球力量猛、速度快，所以在击球时应避免发力，并且手臂还要随着球向后撤相应的距离，以缓冲排球给身体造成的冲击力。通常，垫球所用力气和来球力量是成反比关系的，和垫出球的弧度、距离则是成正比关系的。对于弧度不同的来球，队员应当选用不同的用力方法。若来球处于较高的位置，那么队员在垫球时就可以做蹬腿、伸膝动作，将身体重心调整至更高位置，在必要情况下可做出跳跃动作进行垫球，以确保击球位置的正确性；若来球处于较低的位置，那么队员可以采用下蹲姿势进行垫球。

手臂的角度应当以来球的旋转情况、运动弧度以及垫球的位置、目标等为依据而进行适当的调整和变化。若来球有较高的弧度，则在垫球时手臂要尽量抬高；若来球有较平的弧度，则在垫球时要确保手臂能够和地面形成较大的夹角。如此一来，排球就能够以合适的弧度反弹飞出，从而达到较好的击球效果。若垫球目标处于侧前方，则手臂要适当地调整垫击面，使之转向侧前方位置的垫球目标。若来球有着较强的旋转力量，则要对手臂形成的平面进行适度调整，尽量减小旋转的球体与手臂之间所形成的摩擦力。

（二）体侧垫球

体侧垫球简称侧垫，是在身体侧面垫球的一种垫球方法。其特点是控制面宽，但较难把握垫击的方向、弧度和落点。

1. 动作方法

以左侧垫球为例，右脚前脚掌内侧用力蹬向地面，左脚朝左侧迈出一步，随即把身体重心转移到左脚上，并且让左膝盖适当弯曲，夹紧双臂并且朝左边伸出，让左臂比右臂稍高，右臂朝下方倾斜，对来球进行击打时朝右侧转动身体并收紧腹部，与双臂协调做出动作在身体侧面对来球的后下部进行击打。在垫球的过程中切忌随着来球摆臂。

2. 技术分析

左脚朝左跨出的目的在于增加控制面积，让身体与来球更加接近，从而便于用正面垫球的方法对球进行垫击，实现对排球的良好控制。左臂的高度应当比右臂高，且右臂应当朝下方微微倾斜，这样做能够让双臂所构成的平面和地面形成特定角度，便于对来球进行垫击。垫球过程中不随着排球对手臂进行摆动，目的在于增强侧垫动作的稳定性。

（三）背垫

背对出球方向的垫球称背垫。背垫大多用于接应同伴垫飞的球或将球处理过网，其特点是垫击点较高。背垫时由于背对垫球方向，不便于观察目标和控制击球的方向、落点。

1. 动作讲解

在背垫时，首要任务在于对来球的方向、落点及与球网的距离进行判定，随即以较快的速度移动至排球落点处,背对出球方向,伸直双臂并且向内夹紧,插到来球的下方。对球进行垫击时,队员应当立即做出抬头、挺胸、展腹、蹬地动作,将手臂伸直朝后上方抬起对球进行击打。在垫球时,也可利用屈肘、翘腕动作,以虎口触球将球向后上方垫起。

2. 技术分析

背对出球方向,两臂夹紧伸直,插到球下。击球时蹬地、抬头、挺胸、展腹直臂向后上方摆动击球。垫低球时屈肘和翘腕也是便于向后用力击球。

(四)挡球

若来球的位置较高,不方便用手臂加以垫击时,可以用单手或者双手在胸部上方对来球进行挡击,此种击球动作被称作挡球。通常若来球速度快、力量大且高度在胸部上方,则多用双手挡球;若来球力量小、位置高、处于头部侧上方或者上方,则多用单手挡球。借助挡球可以令防守范围进一步扩大。为了令前区产生更好的防守效果,可以让善于挡球的队员负责防守。通常挡球分为下列两种:一是双手挡球,二是单手挡球。

1. 动作讲解

(1)双手挡球

双手挡球往往用到两种手型:一是抱拳式,二是并掌式。做抱拳式时,应弯曲双肘,一只手呈半握拳状态,另一只手从外围将其包住。做并掌式时,手肘也保持弯曲状态,将双手虎口处交叉,双臂外侧朝向前方,合并双手使之呈勺形,在挡球的过程中手肘呈弯曲状态上举手臂,令肘部朝前,手腕后仰,双手的掌根及手掌外侧能够形成一个平面,用此平面对来球的后下部位置进行挡击。在击球时保持手腕部位的紧张感,并合理控制发力。

(2)单手挡球

单手挡球时,手臂屈肘上举,肘部向前,手腕后仰,用手掌掌根或拳心平面击球的后下部,击球瞬间手腕要紧张。如球位置较高,还可跳起挡球。

2. 技术分析

在挡球时弯曲手肘和手腕后仰的目的在于方便击球时依照来球的实际情况对其力量进行加大或者缓冲,从而实现对球的良好控制。用掌根和手掌外侧对球进行击打，目的是让手部与球有更大的接触面积，从而令起球具有更强的稳定性、准确性。对排球的后下部进行挡击，目的在于令挡起的球高度不至于太低。

（五）跨步垫球

朝前方或者侧边跨步以完成垫球动作的方法被称作跨步垫球。若来球与身体的距离较远，有着较快的速度、较低的高度，并且球员没有充足的时间移动让自己正对来球时，则可以采用此种方法。

判断来球的落点，及时向前或向侧跨出一大步，屈膝制动，重心落在跨出的腿上，上体前倾，两臂插入球下，垫击球的后下部。

（六）滚翻垫球

若来球位置较低且与身体距离较大，用跨步垫球仍旧无法顺利接近来球时，就要运用滚翻垫球。滚翻垫球能够有效缩短接近来球的时间，并且其有着较大的控制范围，不易损伤身体，在做完该动作后可快速起立做其他动作。

朝来球方向快速跨出较大一步，同时降低身体重心，将上半身朝前倾斜，拉近胸部与大腿的距离，将身体重心全部置于跨出的那条腿上。单臂或者双臂伸向飞来的排球，与此同时，双脚发力蹬向地面，朝着来球方向伸展身体，用虎口、手腕或者是前臂部位对来球的下部进行击打。在顺利做完击球动作后，若此时身体处于失衡状态，则队员可以就势转体，依次用大腿外侧、臀部外侧、背部、肩部着地，同时低头、含胸、收腹、团身做后滚翻动作，并顺势迅速起立。

（七）前扑垫球

来不及向前跨步、移动去接来球时，可采用前扑垫球。前扑垫球主要用于防守前方低而远的球。

前扑垫球时，做好较低的准备姿势，重心前移，上半身向前倾斜，腿脚用力蹬向地面，借助地面的反作用力令身体朝前扑出，与此同时，单臂或者双臂插入来球下方，用前臂将排球垫起。做完击球动作之后，双手以较快的速度撑在地面上，弯曲双肘以降低冲击力，在此过程中要避免膝盖接触地面。为了拥有更大的防守范围，对距离远的低处来球进行垫击时，可以将单手最大限度地朝前伸展，确保能够击到来球，另一只手臂则负责支撑，并注意弯曲手肘降低冲击力，在胸腹部接触地面之后能顺势朝前滑动。

（八）单手垫球

若来球速度快、距离远，没有充足时间运用双手垫球时，队员则可以用单手垫球的方法代替。单手垫球的方法可谓优劣并存，其优势在于有着较大的垫击范围，且动作迅速，其劣势在于有着较小的触球面积，不便于队员加以控制。

单手垫球可采用各种步法接近球，并可用虎口、半握拳、掌根、手背或前臂内侧击球。

（九）侧卧垫球

接侧向低而远的来球时，可用侧卧垫球。

在击球过程中先朝侧边跨出较大距离，令腿部变为深弓箭步，在此同时将重心转移到跨步的那条腿上，跨出腿发力蹬向地面，让上半身朝侧面腾起、伸展，朝前方伸直手臂击球，垫起飞来的排球，让身体侧边着地或者是呈侧卧状朝侧边滑动。

（十）鱼跃垫球

对低而远的来球进行垫击时，也可采用鱼跃垫球技术。该技术相较而言有着较大的难度，但其跳跃距离较远，有着较大的控制范围。

鱼跃垫球时，身体做好准备姿势，呈半蹲状态，上半身朝前倾斜，向前移动重心，前脚用力蹬地，让身体朝来球方向跃出，手臂朝前伸直插入来球的下方，用虎口或手将球垫起。做完击球动作之后，双手在身体重心运动轨迹的延长线上落地支撑，双肘弯曲同时做挺胸、抬头、展腹动作，双腿保持自然弯曲状态，让身体朝后呈弓状，让胸部、腹部、大腿按顺序落地。如前冲力大时，可在两手着地支撑后，立即向后做推撑动作，使胸、腹着地后，贴着地面顺势向前。

二、垫球技术的运用

因为不同的来球其弧度、速度、运动轨迹各异，且垫球的目的也存在差异，所以在赛场上，球员应当以垫球目的及来球性能为依据选用最为适宜的垫球技术。在一切排球垫球技术中，正面双手垫球是最为基本的，且应用得较为普遍。但在做正面双手垫球动作时，要对垫球的细小变化加以注意。举例来说，若对位置低、力量大的来球进行垫击，则运用翘腕。若球场上的条件不方便球员进行正面双手垫球，则可以来球的具体情况为依据来选用最合适的垫球技术。另外，对于以较快速度降落的拦回球，球员可用侧倒、半跪、前扑的姿势，便于击打来球；若拦回球处于较高的位置，则球员能够用单手或者双手对球进行回挡；若球员没有充足的时间对来球进行垫击或者回挡，则可以借助肘部外侧、手臂或脚部等部位将来球垫起。

（一）接发球

在排球比赛中，接发球是较为关键的部分，是进行战术进攻的重要环节，在很大程度上决定着心理变化、进攻成效、比赛分数。通常情况下，队员会采用正面双手垫球的方式接发球。但因为不同的发球有着各异的性能，所以在接发球时也要适当转换方法。但无论最终决定使用什么方法接发球，都应当做足准备，对来球做出正确判断，并据此迅速移动身体，将身体方向对准来球，协调发力。用前臂在腹部前侧击打来球，确保手臂和地面保持恰当的角度。

1. 接一般飘球

一般飘球的特点是球速慢、轻度飘晃。接发球时，要判断好落点，迅速移动取位，并降低重心，待球开始下落时，将手臂插入球下垫起。

2. 接下沉飘球

下沉飘球的特点是球刚过网即突然减速下沉。接发球时，要判断好来球落点，迅速移动取位，采用低姿势垫球的方法将球垫起。

3. 接平冲飘球

平冲飘球有着较快的速度、较平的弧度，飘晃且平冲追胸。接发球时，身体应当和来球方向相对，双腿伸直，将身体重心提至更高的高度，在必要时可轻微跳跃，确保能够在腹部前侧对来球进行击打。

4. 接大力发球

大力发球往往力量大、速度快且能够令排球具有较大的旋转力量。接发球时，队员在做准备姿势时可以保持半蹲或者低蹲，做好准备姿势后将双臂对准来球并保持动作不变，让球自行落至手臂后弹起。若飞来的排球处于较低的位置，则能够使用翘腕垫球的方法。

5. 接跳发球

跳发球的特点是比大力发球的速度更快、力量更大，球的旋转力更强。接发球时，可采用半蹲准备姿势对准来球，在击球的一瞬间收胸、收腹、后撤手臂，以缓冲来球力量。

6. 接侧发球

侧发球会向左或向右旋转飞行，接侧发球（如接左侧旋转）时对正来球后，身体要靠向右侧，右臂抬高，以免球反弹后向侧偏斜。

（二）接扣（吊）球

接扣球是队伍防守的重要时机，若能够顺利完成接扣球，则有利于扭转队伍的被动局面，有利于为队伍赢得分数，并且可以令队员情绪变得更加激昂。接扣球要运用各种垫球姿势，一般采用上挡下垫。在垫击低球时，还可以用屈臂、翘腕或铲球等动作进行垫击。接扣球时要提前对来球的情况做出准确预测，并依照预测结果快速实现自身的位置移动，确保有时间以良好的正面准备姿势迎接来球，能够针对不同来球灵活运用最佳的接球方法。

1. 接轻扣球和吊球

轻扣球和吊球有着较小的力量和较慢的速度，但是这种来球大多较为突然。所以，若队员能够提前对这种来球加以预料和判断，则可以较快的速度跟进来球，确保将球垫至相应高度；若出现此种来球时队员尚未及时做出判断或者在准备时间不够充足的情况下，则可以用前扑或鱼跃垫球的方法对来球加以应对。

2. 接快球

快球往往具备下列特征：快速、落点靠前、运行轨迹短。因此在对快球进行防守的时候，要点在于对其进攻路线加以预测。通常来说，球员要稍向前移动位置，压低重心，但身体不可过度朝前倾斜，手臂也要放在适当的位置准备好对球进行垫击或者挡击，并做好灵活变换单、双手击球的准备。

3. 接强攻扣球

当对手强攻时，若本方球员有前排队员拦网，则防守队员要让自己的位置更趋近于后场，但是不要太早地做深蹲动作，这样会放慢移动的速度。

4. 接拦网触手球

拦网触手球通常会令原本扣球的落点、方向及轨迹等发生变化，所以对网边球进行击打时，要注意制动，切忌过中线或者接触球网。对于朝后场方向飞去的触手高球，球员可以用挡球或者跳起单手挡球的方式予以回击。

（三）接拦回球

接拦回球指本方队员进攻被拦回的球。通常来讲，拦回球有着较短的运行轨迹且运行速度较快，球往往落在扣球队员后侧、两侧。所以，取位重点应该在前场，要尽量使用低蹲、半蹲准备姿势，上半身尽量处于直立状态，双手应当放于胸部前侧并保持一定的高度，尽量扩大手部的控制范围。对于以较快速度下降的拦回球，队员可运用前扑、半跪、侧倒等姿势来垫球，尽量做到双手垫球。在身体附近且较高的拦回球，可用双手或单手将球挡起。来不及用手垫的球，可用上臂、肘部外侧或头部将球垫起。

（四）接其他球

1. 垫二传

若一传来球处于较低较远的位置，球员没有充足的时间移动到球体下方进行上手传球，则可以运用垫击二传的方法。垫二传通常会用到正面双手垫球技术。对排球进行击打之前应当压低身体重心，并让身体与垫球的方向相对，伸直双臂并插入来球的下方位置。对球进行击打时，身体和下肢共同发力并且将双臂朝上方抬起，对来球的下部位置进行击打。

2. 垫入网球

在比赛过程中，部分排球会失去控制进入网内，因为来球速度快且有着不相同的入网位置，所以这些排球反弹时的速度、方向、落点存在较大差异。通常情况下，若排球从上半部分进入网内，则大多数会沿着网继续朝下方降落；若排球从中部进入网内，则多数会出现反弹，并且反弹的距离较近；若排球的落点位于球网的下半部分或者在网绳附近，则这些球大部分会出现明显反弹的情况。垫入网球时，要对排球入网的落点、方向等加以预判，之后以较快的速度移动至落点附近。将身体侧边对向球网，将身体重心压至较低位置，手臂插入球体下方位置，用屈肘、翘腕动作对来球进行垫击。若是第三次击球，垫球时应有"兜球"动作，使球前旋，以便过网。

三、垫球技术的教学训练

（一）教学顺序

在所有垫球技术中，正面垫球可以说是重要的根基所在。首先学习正面垫球，然后学习变方向垫球和移动垫球，侧垫和背垫可靠后安排。由于接发球和接扣球防守对垫球基本技术依赖性较强，只有在基本垫球方法掌握之后，方可进行接发球和接扣球教学。

（二）教学步骤

1. 正面垫球的教学步骤

讲解内容：在排球比赛中垫球所发挥的作用及具体的应用范围；正面双手垫球的正确操作步骤及动作要点。

示范：教师先给学生示范一遍完整的垫球动作，让学生从总体上把握技术概念，之后对动作进行细化分解讲授，将讲解和动作示范结合起来便于理解，之后再完整地做一遍正面示范和侧面示范。

组织练习：徒手练习，结合球练习，结合其他技术练习。

纠正错误动作。

2. 接发球的教学步骤

讲解内容：在排球比赛中接发球所发挥的作用及占据的地位；对于性能不同的来球，采用具体的取位与动作方法等；整个团队在接发球时的具体站位，明确各位置的职责以及轮换的时间、方式等；接发球站位应当遵循的原则。

示范：接发球教学的演示往往借助挂板进行，或者是在实际场地中进行演示；在条件允许时教师也可将两种演示方法结合起来使用。

组织练习：一般性技术练习，专位练习，串联练习。

纠正错误动作。

3. 接扣球的教学步骤

讲解内容：在排球比赛中接扣球的重要作用；接扣球的预测方法、准备姿势、移动及接球方法；对球体力量加以控制的方法。

示范：为学生做整体动作的侧面示范，让学生在观察时将重点放在准备姿势、击球手臂、身体动作等方面。

组织练习：一般性技术练习，专位练习，串联练习。

纠正错误动作。

（三）练习方法

正面垫球练习方法包括徒手模仿练习、垫击固定球练习、垫击抛来的球练习和对垫练习等。

接发球练习方法包括不隔网的接发球练习、隔网的接发球练习、结合场上位置的接发球练习等。

接扣球练习方法包括一般性技术练习和结合位置练习等。

第五节　传球技术教学

传球技术运用较多的是二传，该技术主要用来对防守和进攻的动作进行衔接，让队伍有更好的进攻条件。传球也能够把不同的技术串接起来，是各技术彼此连接的纽带。队员也常用传球技术进行接发球，对对方发出的吊球、拦回的高球等进行迎击，由此也可以说传球是重要的防守技术。

一、传球技术的动作方法

（一）正面传球

正面传球指的是面对出球方向时做出传球动作。正面传球是诸多传球技术的基础。

1. 动作方法

做正面传球动作时，通常都做微蹲的准备姿势，双眼看向球的方向，抬高双手将其自然地放置在额头前侧。当来球与额头距离较近时，双腿立即蹬向地面，并且伸直双臂和膝盖，双手微微张开迎接来球。击球点的位置应当在额头上方大概一个排球距离的地方。双手微微张开类似半球形，手腕微微后压，双手拇指相对成"一"字形，两手间有一定距离，用拇指和食指的全部、中指的二、三指节触球，无名指和小指在球两侧辅助控制球方向。双肘分开适度的距离，两个前臂所形成的角度接近直角，在传球过程中，手腕和手指的肌肉应当保持一定程度的紧张感，运用弹力以及蹬地伸臂等身体协调力量将球传出。

2. 技术分析

传球的击球点通常处于较高的位置，在做准备姿势时微蹲以方便队员在接球时能够以较快的速度进行移动。击球点的位置通常在额头的前上方，这样有利于对来球及传球的目标进行观察，从而令自己的传球动作变得更加准确，同时也更方便伸开双臂对来球进行击打。若击球点太高，传球时双臂已经完全伸直则会给手臂的传球推送造成一定的负面影响；若击球点太低，则手臂在传球时无法充分地伸展及发力，所以最终做出的传球动作可能无法取得理想的效果。在传球时将双手拇指相对成"一"字形，这样能够让手型和排球自身形状更加吻合，并且能够增大触球面积，实现对排球的更好控制。与此同时，较大的触球面积对来球的力量也会起到有效的缓冲作用。队员传球时的力量并非单一的，该力量是队员手臂、腿部、手腕、手指等各种力量的综合体。传球时究竟使用何种力量主要取决于队员所用的动作方法，而具体选用何种方法则需要依照实际的来球情况以及传球目的进行合理选择。

（二）背传

在背对传球目标的情况下所做出的传球动作叫作背传。在排球比赛中，通过背传能够对传球的路线、方向加以变化，从而让对方猜不透自己的动作意图，并且通过背传可以形成不同的进攻组合。

1. 动作方法

身体背对着传球目标，上半身呈直立状态或微微后仰，将身体重心放置在两脚中间，抬起双手并将其放置在面部前侧。在迎接来球时，挺胸、抬臂、上半身后仰。应尽量让击球点位于额头的上方，位置比正面传球稍微靠后并且高一些。触球时，手腕后仰并适当放松，掌心向后上方，手指击球的下部，手型与正面传球相同。背传发力要靠蹬地、展腹、伸臂，以及手指、手腕的弹力，把球向后上方传出。

2. 技术分析

传球之前上半身保持直立或者后仰状态，便于在做抬臂、蹬地等动作时朝后侧发力，从而顺利地将排球传至后侧。尽量在额头上方击球的原因也是方便向后发力。

（三）侧传

将身体侧面朝向传球目标，将球朝着侧面传出的传球动作称为侧传。在背向球网的情况下，二传队员通常会用侧传的方法来传球，因为对手无法清晰地看到二传侧传的出球路线，所以无法准确地对二传方向做出判断，故而说侧传的隐秘性较为突出。

1. 动作方法

准备姿势、迎球动作、手型与正面传球相同，击球点应偏向传球目标一侧，上体和手臂向传球方向伸展，传球方向异侧手臂的动作幅度、伸展速度要大于传球方向同侧手臂。

2. 技术分析

击球点偏向传球目标一侧，有利于向该方向的侧向传球。上体和手臂向传球方向伸展，传球方向异侧手臂的动作幅度、伸展速度要大于传球方向同侧手臂，有利于向侧向发力，并保持良好的手型向侧向传球。

（四）跳传

球员先做出跳跃动作，之后在身体腾空状态下实现单、双手传球的动作叫作跳传。跳传的击球点处于较高的位置，它能够让传球和扣球动作之间的时间得以缩短，从而令快攻的速度进一步加快。另外，跳传通常和二传手的二次进攻共同使用，能够有效增强二传动作的迷惑性。目前，在高水平的排球比赛中，跳传被运用得已经较为广泛，很多运动员在二传时将跳传当作主要方式。排球传球动作可以分为正传、背传、侧传和跳传。

1. 动作方法

跳传时首先要做的动作就是起跳，不管以何种方式起跳，都最好垂直起跳，让身体的平衡状态得以保持，当身体上升至最高处时，快速伸臂，并且借助手腕、手指的弹力实现排球的传出。

2. 技术分析

跳传在起跳时应当保持身体的垂直向上，让身体始终处于平衡状态，才能令传球动作达到预期效果。在跳至最高点时对球进行击打能够留出足够的时间来做迎球、击球及送球等动作，不然在击球时会出现力量不足的问题或者会令动作失调。跳传时要尽量令伸臂动作实现最快速度及最大幅度，其原因在于跳传时没有其他物体可以给予身体支撑，身体也无法借助蹬地力量。

二、传球技术的运用

在一场排球比赛中，传球技术的作用具体体现在组织进攻方面，也就是用作二传。二传负责对防守和进攻进行衔接，二传的质量在很大程度上决定了进攻结果及战术发挥情况。二传如果质量较高，就能够对防守及一传的不足之处加以弥补，还能够用假动作影响对方的正确判断，从而为本方赢得更好的进攻局面。在部分情况下，二传能够突然吊球，不给对方反应的时间和准备的机会。若二传质量稍差，则无法将扣球队员的作用有效发挥出来，无法令战术配合达到应有的效果，减弱进攻的有效性，就会令本方队伍陷入被动局面。传球还可以用来接发球、吊球、第三次传球及处理球。

（一）组织进攻

1. 顺网正面二传

在所有二传技术中，顺网正面二传是常用的一种技术。在传球动作上大致与正面传球动作相同，但它与正面传球技术的不同之处是身体不和来球正面相对，而是身体微微朝传球方向转动，让自己尽量做到正面传球，让击出的球能够顺着球网飞行。若来球有着较大的角度，则身体可以稍微偏移传球方向，让击球点朝着传球方向发生一定转移，一边转体一边传球一边对球加以控制，将球顺利传至预期位置。若来球处于较高的位置并且和球网接近，则能进行跳传。若条件不允许采用跳传，则打直膝盖，双臂上举，让传球点处于更高的位置；若来球位置较低，则球员可以下蹲传球，但下蹲时身体的协调伸展力量及腿部蹬地力量无法得到良好运用，因此球员可主要借助手指、手臂、手腕的运动来实现对排球的控制和传送。若正面传一般来球，则应当对下肢蹬地及全身协调力量加以运用，并且与上肢的传送动作结合起来。若从正面对集中球进行传送，则应当控制好下肢的伸展幅度，主要利用手腕、手指的力量以及伸肘动作对来球进行击打。

2. 调整二传

在一传不到位且排球距离球网较远的情况下，将排球传送到方便本方球员进攻的高度及位置，被称作调整二传。调整二传应当以球的位置和扣球人的位置为依据对传球的方向、速度、弧度及距离加以确定，传球时要对蹬地、伸臂以及手腕、手指的力量等加以最大限度地利用。通常而言，传球的轨迹和球网之间形成的角度越小，就越容易扣球。传球的轨迹和球网的夹角越大，传球目标相隔的距离越远，传球的弧度就越高。调整传球不宜拉太开，以便于扣球队员观察和上步扣球。

3. 背向二传

背向二传能够借助整体球网长度获取更多的进攻点及进攻机会，并且其动作具有突发性、不易被对手看清。在传球之前队员应当先移动自身位置到达球体下方，与传球方向相背，通过球网等场上物体对自身所在位置及传球方向加以确定，并借助自身经验及"手感"对传球的速度、角度及落点等加以控制。一般背传拉开高球，要充分利用挺胸、展腹和向上方提肩伸臂动作。若来球处于较高的位置，则击球点应当稍微比正传靠后；若来球较平，则击球点可适当前移；若来球较低，则击球点应迅速移至球下，尽力保证准确的击球点。

4. 侧向二传

二传队员背对球网向两侧传球称侧向二传。这种传球适用于来球近网或平冲网的球，可以增加进攻的隐蔽性和突然性，也可用于二传吊球。由于是侧向传球，难度较大，不利于控制球。

5. 倒地二传

若来球所处的位置较低，则球员就能够采用倒地二传。倒地二传分为两种类型：一是后倒传球，二是侧倒传球。

（1）后倒传球。用全蹲的姿势钻入来球下方，上半身随即朝后方仰去，将身体重心转移到后脚，在达到身体平衡状态的瞬间把球传出去。做完传球动作之后倒于地面，团身压腿回滚，并以较快的速度站起身来。

（2）侧倒传球。朝着来球方向跨步，并且压低身体重心将其置于跨出的腿上，人钻入来球的下方位置。朝前方传球时，尽量让击球点位于面部前侧；朝侧后方传球时，尽量让击球点位于额头前上方，在达到身体平衡状态的瞬间把球传出。做完传球动作之后，身体趁势倒于地面，并以较快的速度站起身来。

6. 传快球

传出的节奏快、位置低的二传球被称作传快球。传快球的复杂度、难度都较高。二传队员应根据一传来球的弧度、速度、落点，扣球队员的助跑路线、上步速度、起跳时间、起跳点，手臂挥动的快慢，以及弹跳高度等决定相应的传球速度、高度和出手时间。传快球的要点在于积极配合扣球队员，其方法具体如下。第一，二传队员借助对击球点的调节来对传球时间加以调整，如队员上步起跳时间稍晚，那么可以选择从更低的位置击球，以让传球时间得到一定延长；相反地，如果想获得更快的传球节奏，则可以在较高击球点对排球进行击打，让传球速度和扣球队员的起跳时间相契合。第二，二传队员能够借助手腕、手指等的动作对传球速度、时间等加以控制，如扣球队员在上步起跳时时间有所延缓，那么手腕、手指就能够保持放松姿势，让球在手中缓冲时间得到一定延长，从而令传球速度得以减缓；相反地，如果想以更快的速度传球出手，那么手腕、手指就要保持紧张状态并合理发力，争取实现和扣球队员之间的密切配合。

7. 二传假动作

二传队员借助传球技巧和动作制造出假象，干扰对方的判断，让对方做出无效拦网行为，此时二传队员的传球动作被称作二传假动作。这些动作应当迅速、隐蔽地完成，并且要十分逼真，能够迷惑对方。其具体方法阐述如下。

（1）在传球时不按照常规击球点击球。举例来说，身体向前移动看起来像是要正传，但突然手腕后翻进行背传球；身体向后移动看起来像是要背传，但猛然间压腕开始将排球传向前方。

（2）通过手臂假动作传球。二传队员在面部前侧做出朝上方伸臂的动作，假装要将球传向前方，但立刻改换动作，实现排球的背传。

（3）借助头部假动作传球。举例来说，传球时，双眼和目光都朝向左侧，看起来是要从左边组织进攻，但是在传球时瞬间将球传向右方；或者是在做传球动作之前双眼看向右方，但在做实际动作时立刻朝左侧传球。

（4）利用上体前倾、后仰假动作传球。在对排球进行传送之前，先抬头挺胸，将上半身朝后仰，让对手误以为自己即将做背传动作，但接着瞬间收缩腹部、身体朝前倾斜，做向前传球的动作；或者将上半身朝前倾斜，双手朝前举起，让对手误以为自己即将做向前传球动作，但接着瞬间展腹挺胸，将上半身朝后仰去，做背传动作。

（二）传球技术的其他运用

1. 一传

如果来球处于较高的位置，没有充足的时间移动到合适位置时，可用正面上手传球的方式应对来球；对于经过本队拦截而出现的高球或者是经过对手处理过飞来的高球，为了确保一传准确到位，也能够用正面上手传球的方法应对来球。一传在传球的过程中应当以来球的力量为依据对自身手腕、手指的紧张度进行调整，确保自身的发力能顺利地将排球传递给二传。有时还可直接组织二次球进攻，或者直接将球传入对方空当。

2. 二传吊球

二传吊球是二传队员所采用的一种进攻方式。在对方未注意时二传突然吊球，通常可以获得不错的效果。吊球既能够用单手，也能够用双手。若用双手吊球，则最好采用侧传吊球，因为此种方式突发且不易被对方识破。若用单手吊球，则应当并拢五指，微微用力拨球，让球的落点处在对方无人防守之处。

3. 第三传

若防守不到位，无法给对方进攻进行有效阻止，则可以运用传球的方式将来球击回至对方场区的空当位置。在传球过程中，要让手腕、手指处于紧张状态，要做好蹬地、伸膝、压腕及伸臂等动作，让来球以较快的速度被传至对方场区。

三、传球技术的教学训练

（一）教学顺序

先讲解正面传球教学的内容，具体讲授基本的正面传球技术，再讲授需要移动和对来球方向加以变化的正面双手传球。在此基础上穿插背传、跳传、侧传等内容。在学生学会了远距离传球之后，再讲授调整传球的相关内容。另外，在全部的二传之中，顺网二传处于基础地位，因此应给这一部分留出充足的教学时间，并且尽早对其进行安排，这样便于后续将它和其他技术结合起来。

（二）教学步骤

1. 传球教学步骤

讲解内容：在排球比赛中传球所发挥的作用及所占据的地位；正面传球

的技巧与关键；其他传球的方式与特征；不同传球方法的技术、要点及运用条件。

示范：教师先在学生面前做一遍完整的示范动作，让学生有大致印象；之后边做分解动作边讲解，讲解时注意将发力和手型分开示范和讲授；全部讲解完毕后教师再示范一遍完整的正确动作。

组织练习：徒手练习，结合球练习。

纠正错误动作。

2. 顺网二传教学步骤

讲解内容：在排球比赛中顺网二传所发挥的作用；顺网二传的动作技巧、步法及判断方法，处理不同球的具体方法。

示范：教师用侧面示范的方法为学生演示一遍完整的顺网二传动作，让学生在教师示范的过程中注意观察移动步法、传球动作、排球运动的弧度和方向以及落点等。

组织练习：一般性二传练习，与接发球串联练习，与防守串联练习。

纠正错误动作。

（三）练习方法

此处重点描述正面传球的练习方法。

1. 徒手模仿练习

全体学生站成两横排，依照教师口令在不持球的情况下练习传球技巧。

自然站立，练习传球时的手型，对传球过程中手腕、手指的动作进行模仿。

两名同学结为一组，其中一人做练习动作，另一人负责对其动作加以观察并纠正其中的错误与不足。

2. 结合球的练习

每人手持一球，自行将排球抛至头部上方，之后用正确传球手型去接下落的排球，之后检查自己的手型是否完全正确。

不间断地练习自传，传球高度应当控制在半米之内，在传球过程中尽量不做移动动作。

找一面墙，站在距离墙约半米的位置，以正确手型不间断地对墙发球。在此过程中对自身手腕、手指的发力状态进行体会。

两人一组，相距 3~4 米，传对方抛到额前的球。

两人一组，相距 3~4 米，对传。

三人三角传球。

移动传球。

第六节　扣球技术教学

在排球比赛中，扣球是一项基本的击球技术，具体是指队员在跳起的情况下将比球网上沿高的排球有力击入对方场区的一种技术。在排球比赛中，扣球发挥着极为关键的作用，是为本队赢得分数的重要因素之一，并且它还能够帮助队伍扭转弱势局面，争取比赛中的主动权。

一、扣球技术的动作方法

扣球技术主要有正面扣球、单脚起跳扣球和双脚冲跳扣球等几种。按照扣球的节奏可分为强攻扣球和快攻扣球，按照扣球起跳的区域可分为前排扣球和后排扣球。

（一）正面扣球

在所有扣球技术之中，正面扣球是最基础的扣球技术，它是衍生其他扣球技术的基础。正面扣球时，球员与球网相对，因此有较好的视野观察对方的防守情况及来球情况，所以击球时通常具有较高的准确率；挥臂动作较为自由，能够以对方的防守和拦网情况为依据对扣球的力量及方向等及时进行调整，能够对击球的落点位置实现良好控制，所以往往能够取得较好的进攻效果。现在以扣一般高球为例展开介绍。

1. 动作方法

在扣球助跑之前，做好微蹲的准备动作，双臂放松垂于身体两侧，站立点与球网之间的距离约为 3 米，通过观察判断，做好朝不同方向助跑起跳的准备。助跑时（以右手扣球两步助跑为例），左脚朝前方小幅跨出一步，之后右脚以较快的速度跨出较大一步，左脚迅速并于右脚，落脚在右脚的前侧，双脚的脚尖微微向内，做好起跳的准备。在助跑的末尾一步跨出时，双臂绕体侧向后引，在左脚踏地制动的过程中，两臂自后向前积极摆动。在双腿用力蹬向地面的过程中顺势向上跃起，双臂以较快的速度朝上摆动，与跳跃动作相配合。双腿弯曲至最低点时突然发力推动身体向上跃起。跳跃腾空之后，挺胸展腹，上半身微微转向后转，右臂向后上方抬起，整个身体呈反弓形。挥臂时，以迅速转体、收腹动作发力，依次带动肩、肘、腕各部位以鞭打动作向前上方挥动。击球时，手指微微张开呈勺形，并且保持紧张状态，让整个手掌与排球相贴合，将掌心作为击球中心，对球的中部进行击打。与此同时，主动用力屈腕向前推压，使扣出的球加速上旋。落地时，前脚掌先着地，同时顺势屈膝、收腹，以缓冲下落力量。

2. 技术分析

助跑是为了缩短和来球的距离，并且找到较为恰当的起跳位置，同时也为了让自己跳至更高的高度。起跳在增加身体所处高度的同时，也有利于个体选择更好的击球位置和扣球时机。起跳之后，身体的形状与反弓形接近，这样有利于击球时和手臂做相向运动，让挥臂的距离和速度都有所提升，从而对球体有更强的打击力。击球时，腰腹部发力，上肢关节通过做鞭打动作将身体力量传导至手部，让击球力量得以放大。击球点在跳起的最高点和手臂伸直最高点前上方，能够让水平和垂直空间得到最大限度的利用，让进攻范围变得更大，从而令角度变化、扣球路线具有更多的可能性。

（二）单脚起跳扣球

单脚起跳扣球是指在助跑时一只脚落地之后另一只脚不再做其他动作，立即朝上摆动助力起跳的扣球方法。单脚起跳无须下蹲过深，其制动过程也并不明显，所以比双脚起跳有更快的速度，并且因制动较差而冲力较大，可以实现空中的移动，从而拥有更大的网上控制面积。在没有充足时间做出双脚起跳扣球动作时也可采用单脚起跳的方式完成扣球动作。

1. 动作方法

采用与球网成小夹角或顺网的一步、两步或多步的助跑。做出助跑动作之后，左脚跨出一步，上半身朝后倾斜，当右腿朝前上方位置摆动时左腿以较快的速度蹬向地面，并做摆臂动作促使身体更好地起跳，跳起后扣球动作与正面扣球动作相同。

2. 技术分析

助跑路线和球网平行或者是形成较小的角度，避免因为存在较大的前冲力使得身体触碰球网或者是越过中线。起跳时摆动右腿，便于让左脚以更大的力量蹬向地面，提高弹跳高度。

（三）双脚冲跳扣球

冲跳扣球是指队员在助跑完之后朝前上方起跳，借助助跑和起跳的力量在空中实现短距离的位移，并在空中位移时做完击球动作的一种扣球方法。此种扣球方法通常运用在后排进攻和空间差进攻中。

1. 动作方法

要做两步助跑动作。助跑动作的第一步步幅应当比一般正面扣球的第一步步幅稍小。踏跳时，双脚朝后下方用力地蹬向地面，让身体能顺利地朝前上方跃起，身体跃起后立刻做抬头、展腹、挺胸动作，做击球动作时以较快的速度收缩腹部、挥动手臂，并且用手腕对排球的后中部进行击打。

2. 技术分析

助跑的第二步保持较小的步幅，避免身体后仰，减小制动力，便于双脚向后下方蹬地。双脚向后下方蹬地，是为了使身体获得一个向前上方的速度，这样既能跳起一定高度，又能向前有一段位移。

二、扣球技术的运用

（一）近网扣球

与球网的距离约为半米的扣球动作被称作近网扣球。近网扣球时，应当尽量沿垂直方向起跳，否则冲力超过一定限度就会让身体越过中线或者触到球网，从而造成犯规。跳起后，主要利用收胸动作发力，以肩为轴，向前上方挥臂，以全手掌击球的后上部。对排球进行击打后，手臂应当立即回撤，并且避免手部与球网发生接触。近网扣球时有较高的击球点，有多种路线可供选择，并且威力较大，但其弊端在于很容易被拦网。

（二）远网扣球

与球网的距离大于 1.5 米的扣球一般被称作远网扣球。起跳之后应当在右肩前上方的最高点对排球进行击打，用整个手掌对排球的后中部位置进行击打，击球时手腕应当用力推压，从而令击中的球呈前旋状态飞出。此种扣球有较大的力量且没有较明显的角度，因此不会轻易被对手拦网。远网扣球目前在高水平的排球比赛中已经得到了普遍应用。

（三）调整扣球

扣由后场调整至网前的球被称作调整扣球。做调整扣球动作存在较大的难度，需要扣球的球员把握好各种从后场飞来的球，并能够针对不同情况的来球及时调整自身步法及空中动作，协调好球网、排球及人三者之间的关系，借助适当的手法对扣球的方向、落点、力量、线路等加以控制。在助跑的过程中要随时观察来球情况。对于小角度的二传来球，要后撤斜向助跑；对于大角度的二传来球，可采用外绕助跑。

（四）扣快球

扣快球是指二传队员在传球之前或者是传球的同一时间，扣球队员起跳做扣球动作，将排球击入对方场区的扣球方法。此种扣球方法具有短时、快速、突然等特点，且存在突出的牵制性，能够有效增强本方队伍的主动性。扣快球可分为扣近体快球、背快球、短平快球、背短平快球、背平快球、平拉开球、半快球、调整快球、远网快球、后排快球和单脚快球。但无论采用何种方式扣快球，都要对以下方面加以注意：第一，在助跑时所采用的步法应当灵活、迅速、轻快且保持节奏，起跳时不可下蹲过深，确保起跳的速度快、时间准；第二，在击球的过程中，上半身和手臂挥动都应保持较小的幅度，重点借助前臂及手腕的迅速甩动对来球进行击打，稍微提前挥臂的时间，让球接近适当距离时予以扣击；第三，与二传之间保持密切的配合关系。

（五）自我掩护扣球

为掩护自己实扣的半高球进攻而做出的各种快球的假动作扣球称为自我掩护扣球，自我掩护扣球可分为时间差扣球、位置差扣球和空间差扣球三大类。

1. 时间差扣球

扣球队员利用起跳时间的差异迷惑对方拦网的扣球为时间差扣球。此种扣球可应用在背快、近体快、短平快等扣球中。队员在扣球时，迅速做助跑加摆臂动作假装自己要起跳，迷惑对方，让对方跳起拦网。等到对方跳起后落地时，扣球队员迅速在原地跳起扣半高球。

2. 位置差扣球

扣球队员利用与对方拦网队员在起跳位置上的差异摆脱拦网的扣球为位置差扣球。扣球队员在做出助跑动作后假装起跳，等到对方队员跳起拦网时，扣球队员立刻朝身体侧边跨出一步，避免与拦网人所处的位置重叠，用单脚或者是双脚起跳做出扣球动作。进行位置差扣球要对以下方面加以注意：首先，做出的假动作要逼真，要真正能够迷惑对方；其次，变向跨步起跳时应当始终保持动作顺畅，并且用较小的幅度、较快的速度做出摆臂动作。

3. 空间差扣球

扣球队员利用顺网向前冲跳技术，使身体在空中有位移过程，将起跳点和击球点错开的扣球为空间差扣球，又称空中移位扣球。这是我国运动员创造的一种自我掩护快攻技术。这种扣球不仅速度快，而且掩护作用强。目前常用的空间差扣球有前飞、背飞、拉三、拉四等。

三、扣球技术的变化

扣球队员无论采用正面扣球、单脚起跳扣球还是冲跳扣球，都可以通过身体、手臂、手腕及手指的动作变化打出不同路线、速度、落点和击球点的球，造成对方拦网和后排防守的困难，这就是扣球技术的变化。

（一）转体扣球

通过对上半身原本方向加以变化从而令扣球路线发生变化的扣球被称作转体扣球。转体扣球与正面扣球动作相似。但二者的区别在于：转体扣球往往选择在左侧前上方做出击球动作，此处以左转体扣球举例，在击球的过程中借助腹部的收缩和朝左的转体，促使手臂更有力地朝左侧挥去，并用整个手掌对排球的右上部进行击打，从而令扣球的方向发生改变。

（二）转腕扣球

通过转腕动作改变扣球路线的扣球为转腕扣球。尽管此种扣球没有较大的力量，但是它在路线上变化较大，能够轻易躲避对方球员的拦网。转腕扣球的方法具体如下。

1. 向外转腕扣球

向外转腕扣球的起跳动作和正面扣球是同样的。在对来球进行击打时，上提右肩并微微朝右侧转动，朝右侧甩动手腕，用整个手掌对排球的左上部进行击打。

2. 向内转腕扣球

在击球的整个过程中，将手腕朝左侧甩动，令整个手掌对排球的右上方部位进行击打，做完击球动作后肘关节能稍微弯曲。

（三）打手出界扣球

打手出界扣球是指扣球队员有意识地使球触击拦网队员的手后飞向场外的一种扣球方法。通常此种方法多用于二传近网、落点在标志杆附近等场景。

（四）超手扣球

超手扣球是指具备身高优势及较强弹跳能力的队员借助自身优势将位于拦网者上方的排球直接击到对方场区内的扣球方法。此种扣球方式有着较长的路线，但是无须耗费过多力量。在扣球时注意做好助跑起跳动作，让自己获得最佳击球点。在做击球动作时，向上提肩，让手臂处于充分伸直状态，从而令击球点处于更高的位置。当排球处于右肩前上方时，用整个手掌对排球的后上部位置进行击打。

（五）轻打

轻打是指队员假装做大力扣球的动作，但在即将击球时迅速放慢挥动手臂的速度，轻打排球使之落入对方场地的一种方法。这种扣球方式的起跳、助跑、挥臂等动作都和大力扣球一样。但是在对球进行击打之前，瞬间放缓手臂挥动速度，让手腕呈放松状态，用整个手掌将排球包裹住，稍微发力朝上方推搓，让球沿着弧线轨迹飞出落入对方场地。轻打适宜运用在拦网者下落的时候。

（六）吊球

吊球是对扣球的一种灵活变化，是运动员将排球吊入对方场地的进攻手段，在进攻中主要起到辅助作用。队员在起跳完毕后假装扣球，然后瞬间对动作加以改换，用传球、拨球等手法把位于拦网者手部上方或侧方的排球吊入对方场地。

四、扣球技术的教学训练

（一）教学顺序

扣球技术动作结构复杂，教学难度大，需要抓住两个关键环节，即挥臂击球动作和助跑起跳的节奏。扣球技术的教学顺序是：4号位扣一般高球，2号位扣一般弧度球，3号位扣快球。

（二）教学步骤

讲解内容：在排球比赛中扣球所发挥的重要作用；正面扣球的要点、方法与技巧。

示范：教师先完整地给学生示范一遍正面扣球技术的正确动作，让学生从总体上有所领会，之后边做分解动作边进行详细讲解。教学过程中应首先展开分解教学，再进行总体教学；分解教学可以让学生更快更好地学会各种动作和技巧的细节，而总体教学则能够让学生知道如何将不同的技术环节衔接起来，确保动作总体上看起来具有节奏感和流畅性。

组织练习：分解的挥臂击球和助跑起跳练习，扣定点球练习，扣抛球练习，扣一般弧度球练习，与其他技术串联练习，扣各种快球练习。

纠正错误动作。

（三）练习方法

1. 挥臂击球和助跑起跳练习

学生在不持球的情况下可进行挥臂练习。

学生排成一列横队，在教师的指挥下练习原地起跳、一步助跑起跳、两步助跑起跳；在练习过程中应当对动作的协调性加以注意。

进行网前助跑起跳练习。学生排成横队列于进攻线后，听口令一起做两步助跑起跳。

学生两两一组，其中一人将排球举至高处做固定球，另一人则练习扣固定球的动作。

对墙练习排球的自抛自扣动作；扣球时既能够原地站立扣球，也能够跳起扣球。

身体站立点与墙面间隔3~4米，对墙练习扣反弹球。

学生两人结为一组，彼此相隔7~9米站立，共同练习自抛自扣。

2. 扣定点球练习

将两头系有橡皮筋的球固定在适当高度，学生助跑起跳扣该固定球。

教师站在网前高台上，一手托排球于网上沿，学生助跑起跳扣固定球。

3. 扣抛球练习

扣球者在4号位助跑起跳，把由3号位抛来的球在高点轻拍过网。

扣球者在4号位助跑起跳，扣顺网抛来的球。

4. 扣一般弧度球练习

扣球者在4号位（或2号位）将球传到3号位，3号位将球顺网传到4号位（或 2 号位），扣球者上步扣球。

5. 与其他技术串联练习

4 号位（或 2 号位）队员防扣一次后，立即扣一般弧度球。

4 号位（或 2 号位）队员防吊（或拦网）一次后，立即扣一般弧度球一次。

接发球后，立刻移动至 4 号位（3 号位或 2 号位）扣球。

6. 扣各种快球练习

学生在各位置传球给二传队员，然后扣其传出的近体快、背快、短平快、背短平快、背平快、平拉开、半快、调整快、后排快和单脚快等球。

第七节　拦网技术教学

在诸多排球技术中，拦网也是较为基本的一项，具体指的是队员缩短与球网之间的距离，朝球网上空伸高手臂对对方来球进行截击和阻挡的一种动作。拦网的攻击性是无可置疑的，它能够将对手的扣球拦回或者拦死，从而令对方士气衰退，让对方球队处于较为被动的地位。拦网是防守的首道防线，能够拦截对方球队的扣球，便于为球队反攻创造机会，从而减轻本方的防守压力。拦网水平在很大程度上决定着本队的输赢，若队伍中没有前排拦网，则会极大地增加后排防守的难度。

一、拦网技术的动作方法

从参与拦网的人数上分，拦网可分为单人拦网和集体拦网，集体拦网又分为双人拦网和三人拦网。

（一）单人拦网

1. 动作方法

面朝球网自然站立，双脚之间的距离大概等同于肩宽，身体与球网的距离应当保持在 30～40 厘米，微微弯曲双膝，将双臂自然地放置在胸前位置，肘部微微弯曲。原地起跳时尽量压低重心，适度弯曲膝盖，发力时身体沿着垂直方向跳起。若移动，则可以运用跑步、交叉步、并步等方式促使身体朝着预期方向移动。移动拦网制动时，要转换双脚脚尖的方向，使之与球网相对，与此同时，手臂也要用力摆动，以便更好地做出起跳动作。在拦网时，双手从额头前部开始朝上方伸出，手臂伸出的轨迹应当与球网平行，最大幅度地朝上方提肩，双臂尽力过网朝对方上空伸去，双手自然张开接近排球，在触球的瞬间要保持双手的紧张感，并且用力屈腕，自发地"盖帽"将排球捂住。

拦网的起跳时间要根据二传球的情况和扣球人的动作特点来决定。一般扣高球时，扣球队员在空中有一个引臂、展腹的过程，而拦网常常原地起跳，腾空时间较短，所以一般应比扣球队员晚起跳。而拦快球时，要比扣球队员稍早或同时起跳。拦网的起跳地点应在对方扣球的主要线路上。伸臂的时机最好是对方击球的瞬间，过早地伸臂容易被对方避开或者被打手出界；过晚则不易阻拦扣球，会导致拦空。拦网击球时，应注意屈腕用力"盖帽"捂球，使拦回去的球反弹角度小，对方不易保护起球。2号位和4号位拦网队员的外侧手要内转，以防止被打手出界。拦网中的判断应贯穿在从拦网准备姿势到空中拦截动作的整个过程中，每一环节都离不开准确判断。

2. 技术分析

做半蹲动作做好准备，这样便于以较快的速度朝侧边移动以及迅速起跳。将双臂置于胸部前侧位置，肘部弯曲，这样方便球员以较快的速度伸直双臂。拦网时身体站立的地点与球网的距离应当保持在30~40厘米，这样能够有效避免身体与球网接触，同时也不会因为和球网之间距离过大而出现漏球问题。不同的移动步法有着不同的适用情况：近距离移动更适合运用并步；中、远距离的移动，则适宜采用交叉步，它有着较快的移动速度和较为宽广的控制范围；跑步有着较快的速度，它更适宜运用在远距离移动中。拦网击球时，要尽量将双臂伸直，缩短前臂和排球之间的距离。双手之间应当始终保持适当的距离，距离过大或过小都不利于阻截和进攻。

（二）集体拦网

动作方法：集体拦网指两人或三人拦网。一般拦对方4号位扣球时，由本方 2 号位队员定位，3 号位甚至 4 号位队员移动过来与 2 号位队员配合，共同组成集体拦网。拦对方 2 号位扣球时，由本方 4 号位队员定位，3 号位甚至 2 号位队员移动过来与 4 号位队员配合，共同组成集体拦网。拦对方 3 号位扣球时，由本方 3 号位队员定位，两侧队员向其移动配合，共同组成集体拦网。在现代排球运动中，运动员的身体素质不断提高，排球比赛的对抗性日渐增强，因此集体拦网也显得越发重要，有机会组成集体拦网时，一定要努力组成集体拦网。

二、拦网技术的运用

（一）拦强攻球

强攻的特点在于有着较大力量、较高击球点及多变的扣球线路。所以在拦强攻球时要尽量组成集体拦网并且适当延缓起跳的时间，力争让阻击面变得更大。

（二）拦快球

1. 拦近体快球

快球往往有着较低的弧线、较快的速度并且不容易改变线路。扣快球多在 2 号位和 3 号位进行，其击球点和球网的距离较小并且扣球的速度较快，所以在拦网时没有充足的时间进行集体拦网，而是更多地运用单人拦网。在拦网时，要把握好扣球的特征，无论是在起跳还是在伸臂时都要保持较快的速度。

2. 拦平快球

与近体快球类似，平快球也有着较低的弧度和较快的速度，在拦截这种球时也不方便组成集体拦网。在拦网时，球顺网以低平弧度飞行，这增加了队员拦网判断的难度，所以在拦网过程中要同时对人和球做出预判，关键在于要明确扣球队员的起跳时间以及具体的助跑轨迹。拦网起跳的时间应当比扣球队员起跳的时间同步或者稍早片刻，拦网时要以扣球队员的扣球线路、助跑方向为依据来对其主要线路进行拦堵。

3. 拦"三差"扣球

此处的"三差"具体指的是时间差、位置差、空间差，拦"三差"扣球时应当对扣球队员的技术习惯、特征等有一定了解，并据此展开细致观察，做出较为准确的判断，在判断完毕后立刻予以拦击。在进行时间差和位置差进攻时，要做好自我掩护工作，但通常而言，掩护后再扣球与寻常的扣球有着较大的差异，如其身体姿势、运动节奏、手臂配合等都大不相同。因此，察觉存在以上异常时，要尽快做出移动动作并且准备好起跳，尽量与扣球队员的节奏相同，等对方的扣球队员真正跳起做出扣球动作时，本方队员也立即做起跳动作进行拦网。

三、拦网技术的教学训练

(一) 教学顺序

拦网技术的教学应放在扣球之后进行。先教手型和手臂动作，后教准备姿势和原地起跳方法，最后教移动起跳拦网。其中，拦网的时机和拦网取位是两个关键环节。

(二) 教学步骤

讲解内容：拦网技术在比赛中的地位与作用；单人拦网的动作方法、动作要领，拦网的判断与时机，集体拦网的配合。

示范：用完整的动作示范拦网起跳、空中击球手法和落地动作，建立正确的动作概念；然后边讲解边示范，最后再做完整示范。

组织练习：徒手练习，结合球练习，集体拦网练习，与其他技术串联练习。纠正错误动作。

(三) 练习方法

练习方法包括徒手练习、结合球练习、集体拦网练习、与其他技术串联练习等多种方法。

第五章　高校排球运动战术教学与训练

第一节　排球战术理论

一、排球战术概述

排球战术是指在排球比赛中，运动员根据比赛规则、场上的实际情况和临场变化，有目的、有组织、有预见地进行行动。在排球比赛中，战术主要分为个体战术和集体战术。个人战术是指队员根据实际情况有目的地运用合适的技术的过程，如扣球变线、轻扣等。集体战术是指两名或是两名以上队员之间有目的的协调配合。在排球比赛中，个体战术和集体战术是相互存在、相互配合的。球队在选择战术时，应根据球队的实际情况和比赛情况出发，根据球员的身体情况和技能情况、对方的技术能力等，灵活地选取合适的战术，掌握比赛的主动权。

二、排球战术意识

战术意识是队员在比赛活动中，有目的地支配自己的行动，充分发挥自身技术水平的心理活动，在体育比赛中具有十分重要的作用，能够有效体现运动员的技战术水平。在排球比赛中，运动员的战术意识影响着其综合能力的发挥，如判断能力、应变能力等。战术意识是运动员的心理活动，与运动员的意志、情绪等紧密联系在一起，能够衡量运动员成熟与否。运动员的战术意识可以通过培养获得提升，如观看比赛、对比赛进行分析，多参与比赛，在比赛中培养自身的战术意识等。因此，在培养排球运动员的过程中，应注重其战术意识的培养。

（一）战术意识的内容

1. 技术的目的性

排球比赛对抗激烈，通常情况下，运动员在比赛中的每一个动作都带有一定的目的性，战术意识支配着运动员的行动，因此，其战术意识要有一定的目的性，有的放矢，只有这样才能充分发挥运动员的技战术水平。

2. 行动的预见性

在激烈的排球比赛中，比赛形势瞬息万变。为实现有目的性的进攻和防守，就需要对场上的情况进行预测，对双方的能力、特点进行分析，及时采取对应的措施。

3. 判断的准确性

正确的行动来源于准确的判断，准确的判断是合理运用技术的前提。运动员在场上必须扩大视野，通观全局，提高判断的准确性，力争主动权。

4. 进攻主动性

在排球比赛中，运动员要充分发挥自身的主动性，有目的地进行进攻，为自己创造进攻机会，获得比赛中的优势。

5. 防守积极性

进攻的前提是防守，只有有效的防守，才能为进攻提供良好的条件。因此，在排球比赛中，应积极地进行防守，对对方打来的球进行准确的判断，接好来球。在排球比赛中，防守并不是传统意义上只需要接到对方的来球即可，而是要有一定的目的性，为进攻做好准备，由被动防守转为主动防守。

6. 战术的灵活性

无论是采用哪种战术进行进攻和防守，都需要根据场上的情况进行判断，灵活运用各种战术，充分发挥自身的优势，使对方防不胜防。

7. 动作的隐蔽性

动作的隐蔽性是指在排球比赛中，为了迷惑对方而做出的假动作和隐蔽动作，是排球战术中的一种，其主要目的是使对方不能确定本队所将采用的战术，实现出其不意的目的。在排球比赛中，为了有效地攻击对方，有时需要隐蔽自己的行为，用假动作或是隐蔽动作来扰乱对方的判断。

8. 配合的集体性

排球运动是一项集体运动，个人战术的运用要以发挥集体的水平为目的。在排球比赛中，队员要从大局出发，胸怀全局，通力协作，相互弥补，把个人的战术融入集体的配合之中，尽一切努力促使集体战术的实现。

（二）战术意识的培养

运动员的战术意识能够通过培养来增强，随着运动员参与比赛的次数增加以及其战术水平的提高，其战术意识也会不断增强。战术意识一般可以采取以下方法来增强。

（1）将战术意识的培养列入训练计划。在充分发挥团队整体水平的基础上，对每位队员进行有针对性的战术意识的培养和训练，将战术意识的培养工作落到实处。

（2）提高队员的战术水平，战术意识的使用是为了充分发挥队员的战术水平，因此，应加强基本功的训练，为增强战术意识奠定基础，从而提高队员的战术水平。

（3）明确战术训练的目的，选对方法，在战术训练的过程中将战术意识贯穿其中，在训练中锻炼和提高运动员的战术意识，使其战术和战术意识有机地结合起来。

（4）要多看、多参与排球比赛，并及时对比赛情况进行分析，从实践中获取经验，增长知识，获得战术意识的增强。

（5）抓好"无球"技术动作的训练，是培养战术意识不可忽视的内容，运动员的"无球"技术动作规范化，将对战术意识的增强起着很重要的作用，必须在训练中反复强化。

（6）加强运动员对理论知识的学习，提高运动员对排球运动的整体认知，熟悉比赛的相关规则和规律，充分发挥其战术水平，增强其战术意识。

（7）在排球比赛结束之后，及时进行赛后总结，对敌我双方的战术行为进行分析，了解对方战术特点和打法，做到知己知彼，有助于运动员增强其战术意识。

（8）加强运动员的临场判断能力和观察能力的培养，以便在比赛中采取合理的行动，增强其战术意识。

（9）教练要有较强的临场指挥能力，具有敏锐的观察力。在排球运动中，教练在训练中的主导作用和比赛中的指导作用对运动员战术意识的增强具有十分重要的作用，是提高运动员战术意识的关键。

三、战术指导思想

对球队在训练和比赛中的战术行动进行指导的主导思想和所遵循的基本原则就是战术指导思想。战术指导思想在排球运动中发挥着重要的作用，决定着整个团队的技战术运用。正确、先进的战术指导思想，应能顺应排球运动的发展趋势，符合排球运动的比赛规律。每个排球团队战术指导思想的制定，应从实际出发，根据球队成员的实际情况，扬长避短，充分发挥每位队员的优势，将日后比赛的对象和任务考虑在内，形成本队自己的风格。在贯彻战术指导思想的过程中，要处理好以下几个关系：当前要求与长远目标的关系，国内比赛与国际比赛的关系，独特性与全面性的关系，继承与发展、学习与创新的关系，培养技术风格与苦练基本功的关系。只有处理好以上各种关系，从实际出发，根据实际情况及时对战术指导思想进行调整，才能提高球队的排球运动水平。

我国排球运动经过长期的实践，特别是经过国际排球大赛的锻炼，在总结正反两方面经验和教训的基础上，提出的战术指导思想是：在技术全面的基础上，向全攻全守的方向发展。发展高度，坚持快速，准确熟练，配合多变，实现全、快、高、准、变。当然，各队的主客观条件不同，制定战术指导思想也不应强求一致，各队在统一认识的前提下制定战术的具体设想，都应结合本队的具体特点。一旦制定，就要把它落实到实际中去。

第二节　阵容配置与自由人运用

一、阵容配置

阵容配置是指在排球比赛中，根据球员的技术水平和场上的实际情况，对团队内的成员和比赛中的组合方式进行分配的组织形式。

（一）阵容配置的主要形式

1."四二"配备

"四二"配备是指场上有 4 名进攻队员和 2 名二传队员（见图 5–1）。4 名进攻队员又分为 2 名主攻、2 名副攻，他们都站在对角位置上。其优点是无论怎样轮换，前后排都保持 1 名二传队员和 2 名进攻队员，便于组织和发挥攻击力量，给对方的拦网以及防守造成困难。但对 2 名二传队员的进攻和拦网能力要求较高，否则就会影响"四二"配备的进攻效果。

图 5–1　"四二"配备

2."五一"配备

"五一"配备是指场上有 5 名进攻队员和 1 名二传队员（见图 5–2）。这种阵容配置的优点是拦网和进攻力量得到加强，全队只要适应 1 名二传队员的打法，互相之间就容易建立默契。但二传队员在前排时，三个轮次只有两点进攻。要充分利用两次球、吊球及后排扣球等战术变化突袭对方，以弥补"五一"配备之不足。

图 5 – 2 "五一" 配备

3. "三三" 配备

"三三" 配备是指场上有 3 名进攻队员和 3 名二传队员。进攻队员与二传队员间隔站位。该配备适合初学者队伍采用，但进攻能力略显不足。

(二) 不同队员的职责和特点

1. 主攻队员

主攻队员在比赛中主要担任攻坚任务，要在困难的情况下突破对方的集体拦网。因此，对主攻队员击球的高度、力量、技巧、线路变化及准确性等方面都有较高的要求。

2. 副攻队员

副攻队员主要以快、变、活等进攻手段突破对方的拦网，并积极跑动掩护，给其他进攻队员创造有利条件，同时还要担负中间和两侧的拦网任务。因此，对副攻队员在体能和技术上有很高的要求。

3. 二传队员

二传队员是球队在比赛中的进攻核心，需要具有较强的应变能力和判断能力，根据场上的实际情况及时地调整战术，合理组织各种进攻。二传队员在排球运动中具有十分重要的作用，优秀的二传队员能够团结全队队员、鼓舞士气，帮助球队取得良好的成绩。

从排球运动发展趋势来看，主、副攻队员和前后排的界限逐渐被打破，队员都应兼备强攻、快攻的技术和战术能力。这样，才能适应进攻战术进一步发展的需要。但主、副攻队员的职责和特点应有所侧重。

（三）阵容配置的注意事项

阵容配置要从全局出发，将队员的技术、技能、思想、特长、配合能力等因素考虑在内。在选择队员时，要选择技术能力较强、能攻善守的球员，充分发挥每位球员的优势，将其安排在合适的位置上，形成球队的专有风格。此外，还要考虑球员之间的配合，合理分配进攻队员和二传队员，把平时配合默契的进攻、二传队员安排在相邻或适当的位置上，以便更好地组成战术进攻。为了避免拦网、一传及防守上的漏洞，应根据队员的身高和技术情况，进行前后排及左右位置的合理搭配。应考虑前排强弱轮次与发球攻击性的优化组合。前排进攻力强的轮次，要安排发球稳定性和准确性高的队员发球，以增加得分的机会。前排进攻力弱的轮次，要安排发球攻击性强的队员，力争破防，以减轻本方的压力。

二、位置交换

在排球比赛中，要充分发挥每一位球员的优势，调动一切积极因素，弥补体育比赛中球员身体、技术等方面的不足，在规则允许的情况下，可以采用位置交换的方法。

（一）位置交换的方法

1. 前排队员的位置交换

为了加强进攻力量，发挥队员的进攻特点，可把进攻能力强的队员换到最便于扣球的位置上，如把右手扣球队员换到 4 号位、左手扣球队员换到 2 号位、善于扣快球的队员换到 3 号位、擅长扣背快球的队员换到 2 号位、二传队员换到 2 号位或 3 号位等。为了加强拦网力量，可把身材高、弹跳好、拦网技术好的队员换到拦网任务较重的 3 号位，或与对方主攻队员相对应的区域。进行交叉、夹塞、围绕等进攻战术时，可自然换位，以便组织下一个回合的进攻。

2. 后排队员的位置交换

为了加强后排防守，发挥个人防守专长，可把队员换到各自擅长防守的区域，采用专位防守。如向两侧防守能力较强的队员，在采用"边跟进"防守时，可放在6号位防守；采用"心跟进"防守时，可放在1号位或5号位防守。还可根据临场情况，把防守能力强的队员换到防守任务较重的区域。为了在比赛中连续运用行进间"插上"进攻战术，可把二传队员换到1号位（"边跟进"防守时）或6号位（"心跟进"防守时），以缩短"插上"进攻时跑动的距离，便于组织进攻。为了加强后排进攻，提高"立体进攻"的效果，可把后排进攻能力强的队员换到1号位、6号位，以缩短与二传队员之间的距离，便于组织"立体进攻"战术。

（二）位置交换的注意事项

发球前，应按规则的要求站位，防止"位置错误"犯规。在换位过程中，要始终注意对方及本方场上队员的动态。发球队员击球后，即可换位，换位时应迅速换到预定位置，以便为接下来的防守或进攻做好准备。接发球时，应首先准备接起对方的发球，然后再进行换位，以免造成接发球失误。当球判为死球时，应立即返回各自的原位，尤其在对方掌握发球权时更应迅速返回原位，尽早做好接发球的准备。

三、信号联系

排球是一个集体项目，在排球比赛中，队员之间的统一行动需要通过信号联系才能实现。如果球队内没有完善的信号联系，在比赛时就可能会出现行动错误，难以实现战术的变化，信号联系在排球运动中具有十分重要的作用。球队内要有统一的信号联系，这应由教练和运动员根据团队的实际情况，共同协商确定。信号应简洁明了、便于表达，同时也应便于理解。信号主要分为四种，分别为语言信号、手势信号、落点信号、综合信号，具体内容如下。

（1）语言信号。比赛时队员之间直接使用简洁的语言来进行联系，如"快""拉""高""溜""交叉"等；也可将战术编成代号，如"1""2""3"等，以代号进行联系。但是语言信号容易泄露动作意图，有时可以采用真真假假来迷惑对手，如讲快打慢、讲拉打近等。

（2）手势信号。比赛时队员之间可根据之前约定的手势进行战术配合。可由二传队员、发动快攻的队员、打活点进攻的队员以及进攻队员和二传队员相结合出示。

（3）落点信号。落点信号是进行战术进攻中的一种信号，具有较强的随机性和灵活性，信号的使用依据是起球后的落点。在排球训练中，可根据场上的实际情况迅速形成战术进攻，对于场上可能出现的状况提前制定对应的对策。

（4）综合信号。在实际的排球比赛中，运动员并不是只使用某种信号，而是根据实际情况，灵活地将多种信号组合起来进行使用，通常情况下以手势信号为主。

四、自由人运用

在排球比赛中，自由人专门负责接发球和后排防守，合理运用自由人是战术中的一个方面。其上下场之间只需经过一次发球比赛过程，换人不计为正规换人次数，且次数不限。因此，自由人要选择接发球技术和后排防守技术较为高超的成员，从而提高全队人员的防守水平。自由人又可在前排进攻或者拦网队员体力下降需要休息并轮到后排时替换上场，所以，合理地运用自由人能大大提高全队的防守水平，提高全队的进攻能力。

第三节　个人战术

个人战术是指在排球比赛中，在发挥团队战术的前提下，运动员有目的地将自己的技术组织起来，充分发挥运动员自身的技战术水平，在排球比赛中，运动员使用个人战术能够弥补团体战术中的不足，有助于提高运动员的技术水平。在排球比赛中，个人战术主要包括发球、二传、扣球、一传、拦网、防守等，具体内容如下。

一、发球战术

发球是排球运动的首要环节，是在排球比赛中唯一不受他人制约的行为，具有较强的独立性和自主性。个人发球战术的使用目的是破坏对方的一传行为，为反击创造条件。在实际比赛中，发球战术分为多种，应根据对方的接发球能力来选择合适的战术。通常来讲，发球战术的分类主要为：根据性能分为攻击性发球和飘球；根据落点位置分为薄弱区域发球、找特定的人发球；根据节奏变化分为快节奏发球和慢节奏发球；根据线路变化分为长短线结合发球和直斜线结合发球；根据性能变化发出不同性能的球等。发球战术的具体内容如下。

（一）性能不同

在排球的发球战术中，根据性能的不同主要分为攻击性发球和飘球。攻击性发球是指在保证准确的基础上，尽可能地发出速度快、力量大、旋转强、弧度平的攻击性发球，如跳发球等。飘球是指利用发球位置的不同，有意识、有目的地发出或轻、或重、或平冲、或下沉等各种性能不同的飘球。

（二）落点位置

在排球的发球战术中，根据球在场内不同的落点位置，可以将其分为薄弱区域发球和找特定的人发球。薄弱区域发球是指将球发到对方前区、后区、两个队员之间的连接区、三角地带等场区位置，给对方接发球造成困难。找特定的人发球是指发给一传差、连续失误、情绪急躁或刚换上场的队员，也可以发给快攻队员或二传队员，给对方的战术进攻带来不便。

（三）节奏变化

在排球的发球战术中，节奏变化主要包括快节奏发球和慢节奏发球。快节奏发球是指在比赛中打破常规、突然加快发球的节奏，使对方猝不及防，造成失误。慢节奏发球是指在比赛中，有意识地放慢发球的节奏，如发高吊球，利用球体下落时速度的变化，使对方接发球不适应。

（四）线路变化

在排球的发球战术中，线路变化主要包括长短线结合发球和直斜线结合发球。长短线结合发球是指根据对方的站位情况，时而发长线球，时而发短线球，让对方无法准确预料到接球的位置，从而获得主动权。直斜线结合发球是指充分利用 9 米宽的发球区，采取"站直发斜"或"站斜发直"的发球方法，突袭对方。

（五）性能变化

在排球的发球战术中，性能变化是指以相似的动作发出不同性能的球，让对方无法预料到接球位置。

二、二传战术

在排球比赛中，二传战术的主要内容是利用空间、时间和动作上的变化，积极地组织有效的进攻战术，为队员的进攻创造有利的条件，使对方难以防御。在排球运动中，二传战术主要为：隐蔽传球、晃传和两次球、"时间差"跳传、高点二传、选择突破点、控制比赛节奏等。二传战术的具体内容如下。

（1）隐蔽传球。二传队员尽可能地以相似动作传出不同方向的球，使对方难以判断传球的方向。

（2）晃传和两次球。二传队员先以扣两次球吸引对方拦网队员，然后突然改扣为传。也可先以传球动作麻痹对方，突然改传为扣。

（3）"时间差"跳传。二传队员在跳传时，改变常规传球的时间，采用延缓传球的方法，在人和球下落过程中将球传给快攻队员，以造成对方拦网队员的时间误判。

（4）高点二传。二传队员尽可能在跳起的最高点直臂传球，以提高击球点，加快进攻速度。

（5）选择突破点。根据对方的站位，二传在传球时应尽量避开拦网较强的区域，选择其中较为薄弱的地方作为突破口，在局部形成以多打少、以强攻弱的优势。

（6）控制比赛节奏。在对方失误较多或场上出现混乱时，可加快比赛节奏，以快攻为主。当本方失误较多或场上队员发挥失常时，可适当放慢比赛节奏，以达到稳定情绪、调整战术的目的。

三、扣球战术

扣球战术是指在排球比赛中根据对方的拦网和防守情况，选择合理、有效的扣球方法和线路，突破对方的防守，获得分数。在排球比赛中，扣球战术主要分为：路线变化，轻重变化，超手和打手，打吊结合，左、右手扣球。

四、一传战术

一传战术是实现本队进攻技术的基础，不同的进攻技术对一传的要求也不同，一传的方向、弧度、速度等内容都要以球队的进攻技术为前提。在排球比赛中，一传的战术主要包括：组织快攻战术、组织两次球战术、组织交叉战术、组织短平快球战术等。一传战术的具体内容如下。

（1）组织快攻战术。要求一传的弧度要平，速度稍快，以加快进攻的节奏。

（2）组织两次球战术。要求一传的弧度要高，接近垂直下落，以便扣两次球或转移。

（3）组织交叉战术。要求一传弧度要适中。3 号位、4 号位交叉，一传落点要靠近球网中间；2 号位、3 号位交叉，一传落点要在 2 号位和 3 号位之间。

（4）组织短平快球。要根据是 3 号位队员还是 4 号位队员扣球来决定一传的落点。3 号位队员扣球时，一传落点偏向 2 号位；4 号位队员扣球时，一传的落点在球网中间区域为好。

在排球比赛中，如果一传发现对方场内有较大的空间或是对方队员未准备好时，一传可以直接将球打到目标区域，使对方措手不及，从而得分。

五、拦网战术

拦网战术是通过准确的起跳时机、空中的拦网高度和拦击面、手型动作的变化等因素来实现的攻击行动，主要包括：假动作、变换手型、撤手、"踮跳"拦网、前伸拦网和直臂拦网、单脚起跳拦网等。拦网战术的具体内容如下。

（1）假动作。拦网队员可灵活运用站直拦斜、站斜拦直、正拦侧堵及佯装拦强攻实为拦快攻等假动作迷惑对方，提高拦网效果。

（2）变换手型。拦网队员起跳后，根据进攻队员的动作改变，拦网手型随机应变，以达到拦击对方的目的。

（3）撤手。在发现对方要打手出界或平扣球时，可在空中及时将手撤回，造成对方扣球出界。

（4）"踮跳"拦网。身高较高和弹跳较好的队员为了更好地拦击对方快速多变的扣球，采用踮跳拦第一点的快攻球，再迅速起跳拦第二点的进攻。

（5）前伸拦网与直臂拦网。在拦击对方中、近网扣球时，手臂尽可能前伸，去接近球，封堵进攻线路。在对方远网扣球时，尽可能直臂拦击，以增加拦网面。

（6）单脚起跳拦网。利用单脚起跳快、空中飞行距离长的优势，弥补双脚起跳来不及的拦网。但要控制好空中飞行的距离，避免冲撞本方队员。

六、防守战术

防守与进攻相比，不确定性更强，难度也相对较大。在排球比赛中，防守队员要根据场上的实际情况，选择有利的位置，采用适当的接球方法，有效地接到球，进而开展各种进攻方式。在排球比赛中，防守战术的确定十分重要，只有有效的防守才能进行接下来的进攻。优秀的防守队员不仅要勇猛、敢于摔跤，还要善于思考，准确判断落球位置。排球中的防守战术主要包括：判断进攻点并合理取位、放宽有利面、针对性防守、拦防配合、上下肢并用等。防守战术的具体内容如下。

（1）判断进攻点并合理取位。在排球比赛中，要根据二传的方向和落点，及时做出判断，并迅速取位。若球离网较近，本方队员来不及拦网，则防守取位可靠前，以封堵角度；若球离网较远，则防守取位可靠后些。

（2）放宽有利面。取位时把自己最擅长防守的一面适当放宽，若自己的右侧面防守较好，则可把这个区域适当放宽，以扩大防守面。

（3）针对性防守。根据对方进攻队员的特点，采取相应的防守行动。若对方只打不吊，则取位要靠后；若对方打吊结合，则取位要灵活；若只有斜线，则放直防斜。

（4）拦防配合。根据前排拦网队员的情况主动配合、弥补，如采用拦斜防直或反之。

（5）上下肢并用。充分利用规则，采用上肢、下肢的协调配合防守，若采用高姿势防守，则上肢负责腰部以上的来球，下肢负责腰部以下的来球。

第四节　集体进攻战术

集体进攻战术是指在排球运动中两名或两名以上队员之间有组织、有目的地集体协同配合的战术。排球运动是一项集体运动，因此，集体进攻战术的设计对取得比赛的胜利具有十分重要的作用。随着世界排球运动的发展，排球运动员的进攻战术也更为多元，单凭个人的技战术能力，难以获得比赛的胜利，因此，提升集体的进攻战术水平就显得尤为重要。在排球运动中，集体进攻战术的变化是建立在进攻阵型和进攻打法这两个基础上的。

一、进攻阵型的分类

进攻阵型是指在排球比赛中，进攻时采用的基本队形，是各种进攻战术变化的基础。进攻阵型主要分为三种，即"中一二"进攻阵型、"边一二"进攻阵型和"插上"进攻阵型，具体内容如下。

（一）"中一二"进攻阵型

"中一二"进攻阵型是指由前排一名队员在 3 号位担任二传，其他两名队员在 2 号位和 4 号位进攻的阵型。"中一二"是基本的进攻阵型，其特点是二传队员在中间，一传容易到位，战术可简可繁，适合不同技术水平的球队。技术水平较低的球队可组织前排 2 号位、4 号位扣一般高球，技术水平较高的球队可组织各种战术进攻乃至立体进攻，其分为多种站位方法，主要有"大三角"站位、"小三角"站位、换位成"中一二"站位等。

（二）"边一二"进攻阵型

由一名队员在前排 2 号位做二传，其他两名前排队员参与进攻的阵型，称作"边一二"进攻阵型。"边一二"也是基本的进攻阵型，其特点是二传队员在边上，对一传的要求稍高，但战术变化多于"中一二"进攻阵型，战术可简可繁，适合技术水平具有一定差距的球队，其站位变化主要分为："边一二"站位、反"边一二"站位等。

1."边一二"站位

2号位队员站在网前担任二传，3号位和4号位队员前排进攻，其他队员参与后排进攻（见图5-3）。

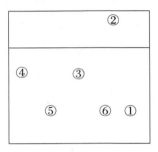

图5-3 "边一二"站位

2. 反"边一二"站位

前排一名队员在网前4号位站位做二传，其他队员参与进攻。如果2号位和3号位队员是左手扣球，那么采用这种阵型比较有利（见图5-4）。

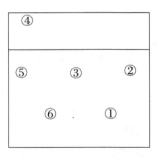

图5-4 反"边一二"站位

（三）"插上"进攻阵型

由后排任一队员插到前排做二传，前排三名队员进行扣球的进攻阵型，称作"插上"进攻阵型。由于后排的"插上"，前排可保持三点进攻，这也是如今国内外排球比赛中较为常用的一种阵型。"插上"进攻阵型有三种基本站位，即1号位"插上"站位（见图5-5），6号位"插上"站位（见图5-6）和5号位"插上"站位（见图5-7）。

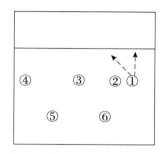

图5-5　1号位"插上"站位

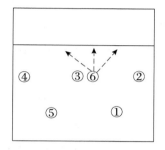

图5-6　6号位"插上"站位

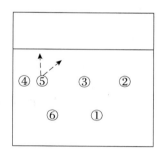

图5-7　5号位"插上"站位

二、进攻打法的设计

在排球运动中，有多种进攻打法，不同打法之间可以互相组合，形成新的打法。例如，快球掩护的进攻战术就是快球与其他打法进攻方式的组合，立体进攻就是众多进攻方法的组合和变化。

进攻打法的核心内容是避开对方的拦网，把球扣过去。因此，各种打法都考虑了进攻的时间和空间。各种快球进攻力争一个"快"字，趁对方来不及跳起拦网，扣球得分。"时间差"和梯次进攻也使对方拦网的时间判断有了误差，从而扣球得手。空间是指进攻点的位置。球网有9米长，充分利用球网的长度，因此就有了"拉开"或者"集中"进攻。扣球时，击球点离网越远，对方拦网的有效阻截面就越小，因此就有了中、远网进攻和后排进攻。进攻点的变化使对方拦网队员不得不随着进攻点的变化进行移动，并且容易在移动过程中受到其他队员的阻碍，因此就有了各种交叉、"加塞"和双快一跑动等；进攻点的变化使对方对拦网点误判，因此就有了"位置差"和"空间差"等。综合时间和空间因素，可以设计或创造出更多的进攻打法，立体进攻就是综合了时间和空间因素的一种设计。

如前所述，立体进攻是集时间、空间和各种进攻打法等因素于一体的多方位的组合进攻的统称，因此它比其他较单一的进攻打法更为丰富，在一定意义上也更先进。比赛中，进攻打法的设计应更多考虑本方和对方的实际情况与比赛过程中的瞬间状况。进攻打法应以己之长攻彼之短为最佳，以己之短攻彼之长为最差，有时候，"以长攻长"和"以短攻短"也不失为好方案。其实进攻打法本无先进和落后之分，能克敌制胜的就是好打法，最简单的高举高打若能奏效，则同样是有效的进攻打法。

第五节　集体防守战术

一、接发球阵型

在排球运动中，接发球是进攻的起点，同时也是防守的主要内容。接发球的主要任务是防止球在本方落地，将球接起来，为进攻创造有利的条件。在集体防守战术中，接发球阵型的设计要考虑众多因素，不仅要考虑对方的发球特点，便于接球，同时也要考虑本队的进攻战术，为进攻提供条件。在排球运动中，接发球阵型主要有四人接发球阵型和三人接发球阵型，具体内容如下。

（一）四人接发球阵型

四人接发球阵型一般在"插上"进攻中运用，"插上"队员可与同列前排队员都站在网前不接发球,以缩短"插上"时间。四人接发球阵型优点是便于二传"插上",不接发球的前排队员可以充分做好进攻的准备。但是接发球时每人负责一条线,对接发球队员的前后移动和判断能力要求较高。由于接发球只有 4 名队员,因此大都采用"盆"形站位,主要形式如下。

1. "浅盆"形站位

"浅盆"形站位,主要用于接对方落点靠后的球或对方发来的平快球(见图 5 - 8)。

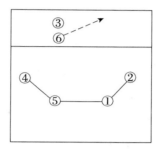

图 5 - 8 "浅盆"形站位

2. "一"字形站位

"一"字形站位,主要用于接对方的跳发球、大力球及平冲球(见图 5 - 9)。

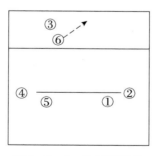

图 5 - 9 "一"字形站位

3. "深盆"形站位

"深盆"形站位是指接发球队员均匀地分布在场内各位置,主要接的是对方下沉球飘球或是长距离的飘球(见图 5 - 10)。

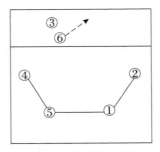

图 5 – 10 "深盆"形站位

(二) 三人接发球阵型

三人接发球阵型一般是前排两名队员和一名"插上"队员不接发球，或前排三名队员都不接发球而由后排队员负担全场一传任务的阵型。其优点在于：快攻队员不接一传，且前排队员交换位置更加方便，有利于组成快速多变的战术；可让一传差的队员避开接发球，减少一传的失误。但三人接发球阵型每人负责的区域相对较大，对判断、移动及控制球的能力要求较高。三人接发球的站位形式主要分为"前一后二"站位和"后三"站位两种，具体内容如下。

1."前一后二"站位

在"前一后二"站位中，由前排一名队员和后排两名队员负责全场的接发球任务（见图 5 – 11）。

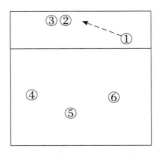

图 5 –11 "前一后二"站位

2."后三"站位

在"后三"站位中，由场内本方的 3 名队员负责全场的接发球任务（见图 5 – 12）。

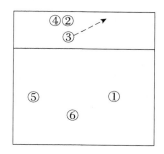

图 5－12　"后三"站位

二、接扣球防守阵型

防守阵型的设计将拦网和后排防守这两方面结合起来，实现理想的防守效果。在组织和设计接扣球防守阵型时，应根据对方的进攻特点，以及本队人员的特点进行合理设计，充分发挥本队成员的特点。接扣球防守阵型根据前排拦网人员的数量，可以分为单人拦网、双人拦网、三人拦网和无人拦网四种阵型。在排球比赛中，应根据实际需要，灵活选择合适的防守阵型，满足比赛的需要。

（一）单人拦网阵型

在排球比赛中，如果对方的技术水平和进攻能力较弱，或是对方的战术较为多变，无法组织集体拦网时，可以采用单人拦网阵型。单人拦网的优点是，防守人员的数量增加了，更便于开展进攻。单人拦网阵型的站位有多种，主要分为与对方扣球位置相对应的站位和固定 3 号位队员拦网站位两种。

（二）双人拦网阵型

在排球运动中，双人拦网阵型根据其位置分布主要分为两种，即"边跟进"防守阵型和"心跟进"防守阵型两种。在排球比赛中，这两种阵型各有利弊，在实际的排球比赛中不应只单纯采用某一种阵型，而是应该根据实际情况，灵活运用这两种阵型。

1."边跟进"防守阵型

双人拦网的"边跟进"防守阵型也称"马蹄形"或"1 号位、5 号位跟进"

防守阵型。"边跟进"防守阵型的优点是对防守对方大力扣杀有利。其弱点是球场中间空隙较大，容易形成"心空"，而且防对方直线进攻的能力减弱。

"边跟进"防守阵型多在对方进攻能力比较强、战术变化多、吊球少时采用。"边跟进"防守阵型主要有"活跟""死跟""内撤""双卡"等多种阵型变化。

2."心跟进"防守阵型

"心跟进"防守阵型也称为"6号位跟进"防守阵型。在排球比赛中，如果对方经常使用打吊结合的形式，且对方具有较强的拦网技术时，可以采用"心跟进"防守阵型。"心跟进"防守阵型能够有效应对吊球，便于本队成员进行接应和组织反攻。

（三）三人拦网阵型

在排球比赛中，如果对方队员的扣球技术较强，且吊球较少，路线变化较多，可以采用三人拦网阵型。三人拦网阵型虽然增加了第一道防线的力量，但是其场后的空间较大，增加了后排防守的难度。因此，如果在比赛中使用这种阵型，队员要坚决果断，及时后退，进行反攻。三人拦网阵型主要有6号位压底和6号位跟进两种，具体内容如下。

（四）无人拦网阵型

在排球比赛中，无人拦网阵型的使用一般分为两种情况：一种情况是本方的拦网受挫，难以招架，导致无人拦网，此时应根据场上的实际情况，灵活取位；另一种情况是对方的扣球能力较弱且球离网较远时，可以主动选择不拦网，采用"中一二""边一二"等进攻阵型布防。在排球运动中，团队内的初学者可以不拦网，以传球和垫球为主，增加防守的力量。

三、接拦回球阵型

在排球比赛中，根据对方的拦网情况以及本方的战术需要，球队队员可以采用灵活的接拦回球阵型，根据其人数的划分，可以分为：五人接拦回球、四人接拦回球、三人接拦回球等几种，具体内容如下。

（一）五人接拦回球

在排球比赛中，如果本方的战术安排以强攻为主，具有明确的进攻点，除扣球队员外，其他 5 名队员均可参与接拦回球，根据不同的情况，可以采用"三二"阵型、"二二一"阵型、"二三"阵型三种，具体内容如下。

1."三二"阵型

这种阵型的使用较为普遍，在对方拦网强、拦回球落点大多集中网前时采用。以 4 号位进攻为例，3 号位、5 号位、6 号位三名队员组成第一道防线。1 号位和 2 号位两名队员组成第二道防线（见图 5 - 13）。

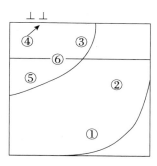

图 5 - 13 "三二"阵型

2."二二一"阵型

这种阵型在对方拦回球落点比较分散时采用。以 4 号位进攻为例，3 号位和 5 号位队员负责前场区，2 号位和 6 号位队员负责中场区，1 号位队员负责后场区（见图 5 - 14）。

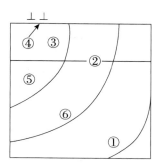

图 5 - 14 "二二一"阵型

3."二三"阵型

这种阵型在对方拦网力量不强、弹回的球速较慢时采用。以4号位进攻为例，3号位和5号位队员负责前场区，1号位、2号位、6号位队员负责中场区和后场区（见图5-15）。

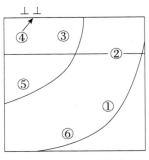

图5-15 "二三"阵型

（二）四人接拦回球

在排球比赛中，如果本方的战术安排以快球进攻为主，而且没有固定的进攻地点，较为多变时，除主攻和二传队员外，另外4名队员可以参加接拦回球。

（三）三人接拦回球

本方以前排快攻配合为主时，进攻点变化较大，前排3名队员在掩护进攻时，二传队员传球后要立即参与接拦回球，形成三人接拦回球阵型。如前排3名队员掩护进攻，最终的进攻点在2号位，则1号位队员传球后立即下撤，5号位和6号位队员迅速向2号位移动接拦回球（见图5-16）。

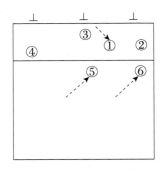

图5-16 三人接拦回球阵型

第六章 高校排球运动教学模式的创新设计

第一节 高校排球运动教学的常用模式

一、体育教学模式概述

（一）体育教学模式概念

教学模式是指在特定教学思想指导下以及丰富的教学实践经验的基础上，为完成特定教学目标和内容而围绕某一主题形成的较为稳定且简明的教学结构理论模型及其具体操作的实践活动方式。教学模式体现了设计、实施、调控、评价教学活动的一整套教学方法论体系，是教学理论和教学实践得以发生联系并相互转换的媒介。通过将教学程序、教学方法、教学手段、教学组织形式融为一体，将抽象的理论转化为具体的操作程序，使教师明确教学应该"做什么"和"怎样做"。

由此可见，体育教学模式是指在特定的体育教学思想的指导下，为完成体育教学单元目标而设计的相对较为稳定的教学程序。

（二）体育教学模式结构

在体育教学系统中，主要包括教学思想、教师和学生、课程和教材、教法学法、场地教材、结构程序等要素，体育教学模式主要的研究是对这些要素之间的组合设计进行研究。

根据体育教学系统中的要素内容以及体育教学模式的概念内容，可以将体育教学模式的结构分为教学思想、教学目标、教学程序、教学条件、教学评价五个方面。

1. 教学思想

教学思想是体育教学结构的灵魂所在，为建立体育教学模式提供了必备的理论思想。教学思想是教学模式确定的基础，不同的教学思想会产生不同的教学模式，能够推动体育教学模式顺利发展。

2. 教学目标

教学目标是建立教学模式的导向，建立教学模式的首要目的就是实现教学目标，如果实行的教学模式无法实现其教学目标，那么教学模式也就失去了存在的意义。教学目标是教师对所实行教学模式的效果的预估。

教学目标的设计能够使教学主题具体化，为教学项目的设定提供导向，是教学模式的核心要素，与教学模式中其他因素之间的联系较为紧密。例如，体育技能教学模式的目标是帮助学生学习体育技术知识、提高体育技能。

3. 教学程序

教学程序是指在教学目标的指导下，制定的具体的教学环节和教学步骤，在体育教学模式中指的是在各个阶段中开展的教学环节，具有较强的稳定性，一般不会发生变化。

4. 教学条件

在体育教学模式中，教学条件主要包括人力条件、物力条件和动力条件，所拥有的教学条件如高校的硬件教学基础设施、学生因素、教师因素等对教学模式的效果具有十分重要的影响，能够影响教师的教学策略和教学方法。

5. 教学评价

不同的教学模式由于其教学目标和教学程序等内容均不相同，因此具有不同的教学评价体系，如果只使用统一的教学评价体系，就缺乏科学性，因此应根据不同的教学模式采用对应的教学评价体系。

上述五个要素是体育教学模式结构的主要组成部分，它们之间相互联系，相互制约，形成完整的体育教学模式。在排球运动教学中，应根据实际情况选择合适的教学模式，保证教学质量，不能一味地照搬、借鉴他人的教学模式。

（三）体育教学模式特点

现如今，随着高校体育教学改革的发展，体育教学模式也得到了极大地丰富，产生了众多体育教学模式。不同的教学模式具有不同的特点，有的教学模式注重教学目标的实现，有的教学模式注重教学方法和教学手段，有的教学模式注重协调师生之间的关系；除此之外，有的教学模式注重学生技能知识的提升，有的教学模式的适用范围较广，有的教学模式需要在特定的教学环境下才能使用。但是不同的教学模式存在一定的共性，具有一些共同的特点，主要有整体性、简明性、操作性、稳定性、开放性等，具体内容如下。

1. 整体性

整体性是不同教学模式必备的特点之一，不同教学模式都需要将教学思想、教学目标、教学程序、教学条件、教学评价等要素有机地结合在一起，从整体出发。体育教学模式并不是将各种教学方法简单地结合在一起，而是充分调动其中的各项因素，因此具有一定的整体性。

2. 简明性

教学模式是需要付诸实践的教学结构模型，需要用精练的符号和语言表达出来。在体育教学中，教学模式的设计要避免过于复杂，同时又能在人们的脑海中形成一个具体的框架，便于教学活动的开展。因此，简明性是体育教学模式中一个重要特征。

3. 操作性

教学模式与其他教学理论相比，具有较强的可操作性，是需要运用到教学实践中的。教学模式并不是单纯的理论研究，而是要将其实用性考虑在内，便于掌握和运用。教学模式的操作性特点主要表现在两个方面：一方面，它能够和实际的教学活动结合起来；另一方面，教学模式的产生并不是为了让人们进行理论研究，而是为了满足教学活动的需要。教学模式将理论和实践联系起来，充分发挥了其"中介"作用。同样，体育教学模式也具有可操作性。

4. 稳定性

已经确定的体育教学模式具有较强的稳定性，是一种体育教学过程结构的确立。该种体育教学模式一经确定，其程序和主要环节除了会因为学生实际情况和教学条件的影响而在实际教学活动中进行适当调整，不会发生较大的变化。

5. 开放性

当一种体育教学模式确定后，并不是一成不变的，而是在实践过程中逐步地对遇到的问题加以修改、完善，提高该教学模式的针对性和实用性。因此，体育教学模式不能教条化，而是应该根据实际情况进行适当的调整，与时俱进。体育教学模式需要具有较强的开放性，这也是体育教学模式发展中的动力之一。

（四）体育教学模式的发展

1. 教学环境现代化发展

随着如今社会的快速发展，信息技术得到了极大的提升，在多个领域内均有应用，将信息技术与课堂教学结合起来，也是如今课堂教学发展的主要趋势。因此，在体育教学中，应将信息技术与教学活动结合起来，丰富教学活动的内容，利用信息技术平台促进教师与学生之间的互动交流，充分发挥信息技术的作用，使学生体会到体育学习的乐趣，提高学生的学习积极性。信息技术在教学活动中的使用使得体育教学模式开始向现代化方向发展，与信息技术相结合的体育教学模式比传统的体育教学模式更具优势，使学生能够获得更好的学习效果。

2. 教学目标人本化发展

通过对教学理论研究及对教学实践活动进行分析发现，在体育学习活动中，学生的智力因素和非智力因素所起到的作用都是十分重要的。所以现代教学模式的构建不再局限在以增长学生的知识、培养学生的能力等方面为目标，而是要结合情感教育、人格教育、品德教育及知识教育对学生进行教学。在人本主义心理学所受的重视日渐加强的情况下，教学中更加看重学生的心理发展，因此这种教学模式能够有效培养学生的自立性、情感性和独创性。

3. 教学形式综合化发展

教学模式的形式综合化发展是指体育教学模式的发展方向更加注重课内课外的一体化。仅依靠课内时间，无法让学生养成运动习惯，无法提升学生的运动技能水平。因此，应当明确课内的主要任务是新增知识点的学习，并且对错误的动作进行改进；要充分利用课外的时间，在此时间内积极进行强化练习，并且对已学的知识与技术进行系统的复习与巩固，养成经常锻炼的习惯，从而使运动技能真正做到熟练化。但目前的实际情况是，虽然体育课逐渐被人们所重视，但课外体育活动的开展却不尽人意，效果自然也就大打折扣。

从教学模式角度来进行分析，由于目前课外体育活动受重视的程度远远不够，所以在这一方面的教学模式的研究相较而言也很缺乏，而当前"课内外一体化教学模式"尽管涉及了课内与课外相结合的教学，但这种模式并没有经过足够的教学实践的考验，其操作模式也并不明确。所以这种教学模式的理论与实践都有待成熟，以便在体育教学模式的应用中拥有一席之地。

4. 评价体系多元化发展

由于不同的教学模式具有不同的特点，因此需要采用多种评价方式进行评价，这样才能实现对教学模式的科学评价。如今随着教学模式的多样化发展，部分教学模式的理论基础相对扎实，单一的评价体系已经无法满足如今多样的教学模式，难以反映教学模式的科学程度。因此，未来教学模式的评价体系必然会向着多样化发展。

5. 理论研究与实践研究相结合发展

理论研究与实践研究是紧密联系在一起的，理论研究的开展多是以实践为导向，以指导实践进行的研究，是一种自下而上的研究。如果理论研究脱离了实践，那么理论研究也就失去了其应有的意义。但是不可否认的是，如今多数理论研究与实践研究之间有脱轨现象，因此，要将理论研究与实践研究结合起来，加强研究的力度，获得更好的研究效果。

将实践与理论结合起来，能够发挥较大的研究的价值，主要表现为：首先，将理论与实践结合起来能够实现教学模式的实践研究和理论研究的同步发展，使一般教学模式研究转为学科教学模式研究，使教学模式获得较好的效果，提高教学质量；其次，将理论与实践结合起来能够使教学模式的研究更加精细化，这也是现代教学模式发展的必然趋势。

二、高校排球运动教学的常用模式

随着我国高校教育的不断发展，出现了众多教学模式，在高校排球运动中，常用的教学模式主要有以下几种。

（一）快乐排球运动教学模式

1. 建立背景

快乐排球运动教学模式是在快乐体育教学的基础上发展而来的。快乐排球运动教学模式是指更新排球的教材体系，注重激发学生的学习兴趣，让学生在排球学习中获得乐趣，进而激发学生学习排球的积极性。

2. 指导思想

快乐排球运动教学模式从长远考虑，重新审视排球的价值，让学生体会到排球学习的兴趣，进而感受到运动的快乐，培养学生终身参与体育训练的意识。这一教学模式的指导思想具体包括：第一，充分发挥排球运动的优势，对教学环境进行开发改造；第二，重视排球运动的整体教学思路，同时还要重视单元活动的设计；第三，设计一个轻松、愉快的教学环境和氛围。

3. 操作程序

快乐排球运动教学模式的操作程序如图 6-1 所示。

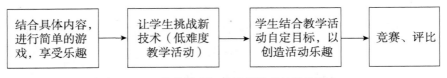

图 6-1　快乐排球运动教学模式的操作程序

4. 模式特点

快乐排球运动教学模式有优点也有缺点，优点在于能够激发学生的排球学习兴趣，形成终身运动的好习惯，让学生快乐地学习排球知识，减少学习的难度；缺点在于这一模式虽然提升了学生的学习兴趣，但是学生在深入学习方面稍有欠缺，难以提升学生学习排球的深度和广度。

（二）技能排球运动教学模式

1. 建立背景

我国的排球运动教学中常用的教学模式是技能排球运动教学模式，这一教学模式是在苏联教育家凯洛夫的教育思想和教学模式的基础上发展的。该模式是根据学生对事物的认识以及运动技能的形成规律来制定的。

2. 指导思想

技能排球运动教学模式的指导思想就是让学生通过学习运动知识和技术，掌握一定的运动知识和技能。

3. 操作程序

技能排球运动教学模式的操作程序如图 6-2 所示。

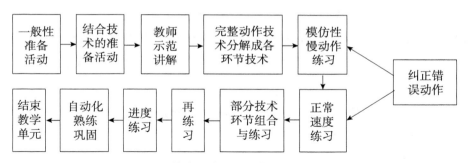

图 6-2　技能排球运动教学模式的操作程序

4. 模式特点

技能排球运动教学模式是排球运动教学中的一种传统模式，在这种模式中，教师能够充分发挥自身的主导作用。通过教师循序渐进地教学，能够帮助学生掌握较难的技术动作。

但是这种教学模式忽略了学生在教学活动中的主体作用，具有一些不足，主要表现为：首先，该种教学模式较为单一，学生需要根据教师安排的教学步骤逐步开展，难以调动学生学习的主动性，不利于教学活动的开展；其次，该种教学模式缺乏一定的趣味性，难以引发学生的学习兴趣，进而影响教学活动的进行；最后，在该种教学模式中，教师是教学活动的主体，学生难以发挥自身的主动性，难以激发其学习积极性，会使学生产生乏味、厌倦的情绪。

（三）成功体育教学模式

1. 建立背景

成功体育教学模式是指在体育教学的过程中，帮助学生制定合适的学习目标，学生通过自身的努力能够达到这一目标，从而使学生产生成功的感受，提高学生的学习积极性，促进学生的身心发展。该教学思想最早在20世纪90年代被提出，经过长期的实践发展，取得了一定的成果，在排球运动教学中也得到广泛应用，是排球运动教学中的一种常见模式。

该种教学模式能提升学生学习排球的自信心，通过学生对成功的感受，提高学生的学习兴趣，促进学生的身心发展，使学生积极投身于排球学习中。

2. 指导思想

成功体育教学模式的主要指导思想是：努力创造和谐、温暖的学习环境；比较、重视"懂与会"的学习效果；主张将相对评价与绝对评价结合起来；在强调竞争作用的同时，也要强调协同作用；主张让学生多体验成功，但对过程中的失败也并不否认。

该种教育模式能够让学生充分体会到学习的快乐，在学习中提高学生的学习自信心。

3. 操作程序

成功体育教学模式的操作程序如图6-3所示。

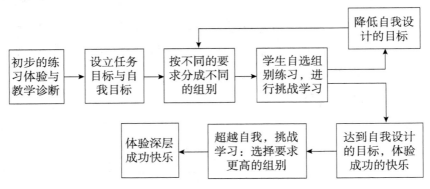

图6-3 成功体育教学模式的操作程序

4. 模式特点

成功体育教学模式有优点也有缺点，通过对其优缺点的分析，有助于我们对这一教学模式进行了解和改善。成功体育教学模式的优点主要表现在：首先，该种教学模式重视对学生成果的肯定，有利于提升学生的自信心，使学生对自己有更深的认识；其次，成功体育教学模式是通过对学生的激励性评价来进行的，学生需要对自身的学习训练进行评价，便于学生对自己的学习活动进行调整。

成功体育教学模式的缺点主要表现在：首先，难以确定学生的任务数量，如果数量过大、任务过重，学生难以完成，不仅无法实现提高学生自信心的目的，还会打击学生的自信心；如果数量过小，任务过轻，会不利于学生长久地开展学习活动。其次，该种教学模式下教学组织工作具有较大的难度。最后，这种教学模式并不适合所有学生，对于成绩处于中下等水平的学生来讲，可能会使他们产生自卑的心理。

（四）发现式排球运动教学模式

1. 建立背景

发现式排球运动教学模式是指学生在教师的指导下，独立发现问题，研究问题，解决问题，从而掌握一定原理的教学模式。在这种教学模式下，学生能够充分发挥自身主动性，提高自身的学习能力。

2. 指导思想

发现式排球运动教学模式是在排球学习的过程中，教师积极地引导学生去发现问题、解决问题，发挥学生在教学活动中主体性的一种模式。发现式排球运动教学模式的指导思想主要包括：提高学生运动技能学习的效率；坚持以学生为中心、以学生为主体的指导思想；重点在于增强学生学习的积极性和趣味性；开发学生的智力，调动学生思维的主动性；对于问题先不给出答案，让学生自己去探索问题的答案；强调问题情境设置，使学生比较自然地进入情境，激发学习热情。发现式排球运动教学模式体现了学生在排球学习中的主体地位。

3. 操作程序

发现式排球运动教学模式的操作程序如图 6 - 4 所示。

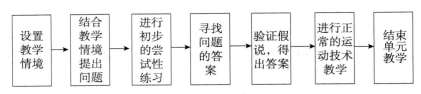

图 6 - 4　发现式排球运动教学模式的操作程序

4. 模式特点

在排球运动教学中，发现式排球运动教学模式具有十分重要的作用，不仅有利于开发学生的智力水平，而且还能极大地调动学生学习排球的热情和积极性，提升学生的排球技能水平。总的来讲，发现式排球运动教学模式的特点主要表现为：这一教学模式注重发展提升学生的智力水平，强调在教学活动中激发学生的学习兴趣，调动学生的好奇心，提高学生的思维能力，提升学生学习排球的积极性和主动性。

但不可否认的是，发现式排球运动教学模式还存在一定的缺点，主要表现为：首先，这一教学模式的实行需要花费大量的时间；其次，这一教学模式中遇到的不稳定因素相对较多，短时间内无法与其他教学模式形成比较。

（五）领会式体育教学模式

1. 建立背景

英国人 Thorpe 和 Bunker 于 20 世纪 80 年代提出领会式体育教学模式，起初这一教学模式主要用于球类运动的教学，强调学生在球类运动的学习中，从整体开始学习，提高学生对球类运动的整体认知，弥补以往只注重排球运动技能而忽略球类运动理论整体认知的不足，进而从整体上提升教学质量。

2. 指导思想

领会式体育教学模式在排球中的运用，其指导思想主要包括：第一，先尝试排球技能，随后进行学习；第二，使学生在学习排球技能的过程中认识到其重要性，从而提升学生学习排球的主动性；第三，先开展整体的排球运动教学，随后进行逐步、逐动作的学习；第四，积极开展竞赛，充分发挥竞赛的优势，提高学生的学习积极性。

3. 操作程序

领会式体育教学模式在排球中的应用强调先让学生参与排球活动，在实践中发现问题，进而根据学生在实践中遇到的问题进行有针对性的教学，进而激发学生学习排球的积极性，提高学生学习排球的效率，提升教学质量。领会式体育教学模式的操作程序如图 6-5 所示。

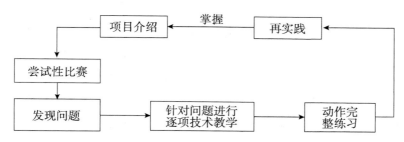

图 6-5　领会式体育教学模式的操作程序

4. 模式特点

领会式体育教学模式在排球运动中的特点是，在开展教学活动之前，先让学生初步体验排球运动，进行尝试性比赛，让学生体验到技巧及正确动作在排球运动中的重要性，然后教师根据学生的实际情况，选择对应的教学方法满足学生的学习需求，进而提高学生的学习积极性，提高学生的学习效率。

但是，在这一教学模式中，如果学生的排球水平较低，在进行尝试性比赛的过程中场面可能会较为混乱。因此，需要教师对尝试性比赛的比赛规则进行适当调整，降低比赛的难度，使学生能快速适应比赛，从而实现比赛的顺利进行。

（六）主动性排球运动教学模式

1. 建立背景

在主动性排球运动教学模式中，教学活动要充分发挥学生的主体性，教学过程也是学生进行主动学习的过程。在排球运动教学中，学生只有发挥自身的主动性，积极主动地去学习，才能逐渐提升自身的学习能力与技能水平。

另外，主动性排球运动教学模式能够营造良好的学习氛围，提高学生的学习积极性，从而获得良好的学习效果。

2. 指导思想

在主动性排球运动教学模式中，其指导思想包括四个方面的内容。

第一，培养学生的创新意识。创新是促进教育发展的重要内容，因此，在主动性排球运动教学模式中，教师应积极培养学生的创新意识，及时对自己的训练方式进行总结，吸取各种比赛中的经验。

第二，培养学生的参与能力。在主动性排球运动教学模式中，学生是学习活动的主体，学生只有参与排球运动教学活动，才能发挥自身的主动性。

第三，培养学生的"教学能力"。在主动性排球运动教学模式中，要想发挥这一模式的优势，获得较好的学习效果，就需要让学生站在老师的角度去思考问题，这不仅能够提高学生的主动性，还有助于提高学生的综合素质。

第四，培养学生的合作精神。排球运动是一种团体运动，只有发挥团体的优势，每个学生的个体优势才能够得以彰显。因此，在该教学模式中应注重培养学生的合作精神，为学生创造良好的学习氛围。

3. 操作程序

主动性排球运动教学模式的操作程序如图 6-6 所示。

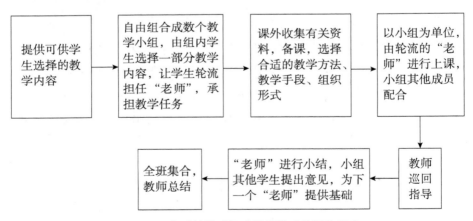

图 6-6 主动性排球运动教学模式的操作程序

4. 模式特点

主动性排球运动教学模式具有十分显著的特点，主要表现在：首先，这一教学模式能够激发学生的学习主体意识，提高教学效果；其次，这一教学模式的实行能够提高学生学习排球的积极性，提高学生的自主学习能力。

此外，主动性排球运动教学模式还具有一定的缺点，主要表现为这一教学模式对学生提出了更高的要求，学生需要具有较强的学习自觉性，进而对自己的学习活动进行设计，要求学生具有较强的综合素质，进而促进这一教学模式的顺利进行。

第二节 高校排球运动教学模式的创新与应用

一、高校排球运动教学模式的创新策略

（一）排球运动理论教学策略

在高校排球理论教学模式中，开展排球运动理论教学时，应避免传统的灌输式的教学模式。在教学活动中，教师应发挥自身的引导作用，积极引导学生进行自主探索学习，充分发挥学生自身的主动性。可以通过以下两种方法来激发学生自主学习排球理论知识的积极性。

（1）丰富排球理论知识的教学内容，将理论知识与排球赛事结合起来，充分利用多媒体教学平台，将乏味的书本知识生动化、形象化，提高学生的学习兴趣，从而激发学生自主学习排球理论知识的积极性。

（2）在校园内举办排球活动，通过排球俱乐部和排球赛事等活动形式来激发学生对排球的兴趣，提高排球在学生中的影响力，使学生自发地投身排球理论知识的学习中。

（二）排球运动技能教学策略

排球运动技能教学是排球运动教学中的重要组成部分，在开展排球运动技能教学时，可以采取以下策略。

（1）因材施教，根据学生的实际情况采用针对性教学，发挥每位同学的特长，避免因学生的身体素质差异而使学习效果产生较大差距。

（2）开展排球运动技能教学时，应充分考虑该技能在比赛实践中的实用

性，使学生在比赛中能灵活使用该技能。因此，在排球运动技能训练中，有必要将对抗训练考虑在内。

（3）在排球运动技能训练的过程中，教师应充分了解学生各方面能力，为学生提供专业化训练，培养优秀的种子选手，充分发挥每个学生的潜力，使学生实现自己的价值，鼓励学生积极学习排球运动的相关技能。

（三）排球运动实践教学策略

在高校排球运动教学中，实践教学是其中的核心内容，在排球运动教学中发挥着重要的作用。在实践教学中，学生的理论水平不仅能够得到提升，学生的技能水平也能得到提高。尤其是高校之间的排球竞赛活动，不仅能够提高学生的团队合作意识，还能提高学生的团队荣誉感。此外，通过让学生参加和观摩职业排球比赛，能够培养学生的职业排球精神，提高学生对职业排球的认识，使学生的理论知识和专业技能得到检验，提高学生学习排球的积极性。

二、高校排球运动教学模式的应用

高校排球运动教学模式在应用的过程中，应采用主导性教学，将学生的技能特点和排球兴趣结合起来，充分调动学生的学习积极性。现阶段，为满足学生的体育学习需求，以及学生不断发展的社会需求，开始采用一些较为新颖的教学模式，如情境式教学模式、体验式教学模式、"翻转课堂"教学模式等，具体内容如下。

（一）情境式教学模式

情景式教学模式是指在教学过程中借助一定的媒介，创建或引入一种具有较强感情色彩、较为生动的场景，使学生沉浸其中的一种教学模式。在高校排球运动教学中，通过创设各种较为真实的场景，让学生进行模拟，不仅能够提升学生的学习兴趣，提高学生上课的积极性，同时能让学生在模拟过程中检验自己的技能和理论知识，进而进行更深层次的思考，实现教学目标。

（二）体验式教学模式

体验式教学模式是指在排球运动教学的过程中，将体验式教学引入其中，使学生亲身体验各种技能技巧，在体验中熟练每项技能，对每项技能进行深入思考，提高学习针对性的一种教学模式。此外，体验式教学还能够激发学生学习排球的积极性，让学生投身排球学习中，促进教学活动的顺利开展。

（三）"翻转课堂"教学模式

"翻转课堂"教学模式是指在排球运动教学中，开始上课之前让学生观看排球运动教学视频和课件，然后开展师生讨论，解决观看过程中遇到的问题，让学生将知识内化，随后课程结束后师生之间及时进行反馈总结的一种教学模式。"翻转课堂"能够有效加强师生之间的互动交流，是实现学生个性化学习的一种教学模式。在这一模式中，主要包括三个阶段，分别为准备排球运动教学资源、实施排球运动教学、总结排球运动教学，具体内容如下。

1. 准备排球运动教学资源

在"翻转课堂"模式中，要充分使用网络平台和网络资源。在开展排球运动教学活动之前，教师应在教学大纲的基础上，确定本次教学活动的教学内容，选择合适的网络资料，制作本节课程的课件，然后通过网络平台将其与学生共享，学生及时借助网络平台对相关内容进行学习，在学习的过程中根据自己的需求查找相关资料，然后解决自己在学习过程中遇到的问题。

2. 实施排球运动教学

实施排球运动教学是指教师根据学生的预习情况，给予学生一定的指导，纠正学生在学习过程中出现的错误，参与学生的讨论，帮助学生解决学习中遇到的问题。学生可以对教师的教学活动进行录像，根据教师的指导，对自己的技术动作进行调整，解决自己在练习过程中出现的问题。

3. 总结排球运动教学

总结排球运动教学是指在排球运动教学活动结束后，师生分别对自己的教学、学习活动进行总结。教师根据学生在教学活动中所提出的问题，对自己的教学行为进行调整，对自己的教学资源进行完善；学生根据教师所指导的意见，对自己的训练活动进行调整，巩固自己的技能知识。

"翻转课堂"实现了师生之间的互动交流，发挥了学生在排球运动教学活动中的自主性，能够激发学生的学习兴趣，提高学生的学习能力，进而提高排球运动教学的质量。同时，"翻转课堂"对师生也提出了更高的要求，教师需要不断提高自身的综合素质，学生需要积极地参与教学活动。

第七章　高校排球运动教学考核方法的创新设计

第一节　排球运动教育考核与思路变革

一、排球运动教育考核概述

（一）教学改革背景下排球运动教育考核目标的设置

2004 年，教育部制定并颁布了《普通高等学校体育教育本科专业各类主干课程教学指导纲要》，其中在关于球类课程的描述中，强调了排球运动教育应当努力通过各项理论指导与实践活动，学习与传承排球文化，使学生了解排球运动的基本规律，掌握排球运动的基本理论、基本方法和基本技能，具备从事排球运动教育的能力和指导开展排球活动的能力。

在这样的教育改革背景下，排球运动教育考核目标也发生了以下几个方面的变化。

1. 掌握排球知识和技能

高校教师在进行排球运动教学时，需要指导学生正确掌握排球运动的基础理论知识和相关战术，让学生在运动过程中有理可依。

2. 掌握排球运动文化

高校排球教师应当适当地引导学生了解排球运动文化，这样不仅能够提升学生的运动文化素养，也能够提高学生对排球运动的兴趣。运动文化作为一个软性环境因素，能够在很大程度上提高学生感知运动魅力的能力，从而形成终身运动的意识，同时，运动文化也能够帮助学生养成良好的意志品质，培养学生公平竞争、团结互助、永不言败的品质。

3. 加强学生排球实践能力的培养

高校应当加强学生排球实践能力的培养，运用各种手段和方法加强学生对排球运动的认知和了解，提高学生对排球运动的兴趣。

4. 提高学生的社会适应能力

排球运动能够让学生在运动过程中养成良好的集体意识，在一定程度上能使学生提高自身的社会适应能力。排球运动具有群体性的特点，它需要运动员或是学生全身心地投入团队的协作，能够积极地完成自己的任务并配合队员们进行对抗，学生在此过程当中能够养成良好的团队协作意识，形成良好的应变能力。

（二）排球运动考核观念的改变

随着时代的发展，高校的体育考核方式也在发生着变化，从原本的最终成绩评价慢慢过渡到最终成绩和过程评价相结合的评价方式。体育考核观念的转变影响着体育教学模式的发展变化，学生能够在新的教学体系中更加主动地进行学习和实践，并更加明确自身的目标，找到适合自己的学习方式和学习方法。

二、排球运动考核方法的设计思路

现阶段，我国排球运动考核方法主要分为普修考核与专修考核两个层次，而每个层次又根据教学定位的不同侧重于某项内容的考核，其中会涉及技术、战术、技能、理论及裁判法等，根据课改实施分档次考核形式，采用阶段性、达成性目标考核等。在考核的过程中，我们必须考虑通过考核反映出教学的重点、教师指导的针对性程度及练习的成效性等关键问题，借助考核机制检验课程设置的合理性、教师选取的各种教学方法与手段的可行性与成效度、学生学习的投入程度与目标达成情况。根据这些要求，我们可以从以下几个方面进行考核设计。

（一）根据教学目标进行设计

排球运动教学需要高校教师根据教学目标进行考核方案的设计。排球是一项技术性较强的运动，高校教师在进行排球运动教学时应当突出技术考核，将考核比重更多地放在"技术"上，不仅要在考核中观察学生的熟练程度，也要在考核中考量学生的技术水平，技术水平可以细分为不同的考量项目，比如规范性和标准化程度等。具体的考核方案可从以下几个方面设计。

（1）以技能评价为主，以熟练程度评价为辅。将学生的排球技术作为重点考量对象，其次再考量其熟练程度。

（2）可以通过比赛的方式进行考核，教师在考核期为学生设计不同的队员组合方式和比赛形式，让学生通过不同形式的对抗展现自己的真实水平，以检验他们的技术水平和熟练程度。

（二）根据教学内容进行设计

排球运动教学内容决定着排球运动的考核方案设计，在制定考核方案的过程中，教师应该注重对基础的考核。

1. 基本技术动作的考核

基本技术动作包括个人完成的基础击球动作、对墙击球动作、两三人配合动作、多人小组配合动作等。

2. 考核形式

考核形式通常包括阶段性自测（课堂提问与小测）、期中测试（口头问答、专题讨论、理论作业等）、期末测试（闭卷等）。

（三）根据教学重点进行设计

排球运动各阶段有着不同的教学重点与安排，但基本上围绕实践（技术、战术、裁判）、理论、能力培训与指导三大部分进行教学，针对不同阶段通常会设置不同的教学单元，以突出不同的教学重点。阶段性教学的成效性考核设计可以检查教学双方在课程实施中出现的问题、教学方式方法与成效、学生学习投入及掌握情况，以促进教学双方的合作，主要包括以下两个方面。

（1）高校的排球教师应当引导学生在日常的排球运动教学中掌握并熟悉相应的排球技巧和基本战术，并在一个学期中间安排 1～2 次的测试，重点考核学生的一些基本排球动作，这不仅能让教师得到有效的教学反馈，也能让学生清楚自己的学习状况。

（2）高校排球教师可以为学生们设置一些战术情境，让学生们在模拟情境中，提高自己的随机应变能力、排球技术水平、团队协作能力等。这种方法能够在无形之中推动教师侧重于培养学生的真实能力，促使教师仔细钻研课程的内容设计和总体规划，让课堂更加富有活力、更加生动，让学生成为课堂的主体，促进教学效果得到质的提高。

（四）通过教学实验的比较进行设计

教学实验可以提高排球考核方法的科学性和合理性，高校教师可以通过比较实验的方式进行考核方法的选定。具体有两种方式可供教师和教学管理人员进行选择：第一，可以选定一个新的考核方案，用这个方案代替原有的方案，弥补原有方案的不足；第二，教师和研究人员可以通过对比实验，检验新方案的优劣。

第二节　技术考核设计

一、排球基本技术考核方法的设计

排球基本技术教学的主旨是引导学生初步了解基本的排球技术，在教学中以基本技术为主，引导学生学习与掌握传、垫、扣、发、拦五大技术类别中最基础的技术动作概念与理论，掌握并运用各项基本动作方法，如正垫、正传、背垫、背传、扣一般球技术及拦网技术等，因此技术考核应主要围绕五大基本技术动作的教学进行设计，以考核学生对基本动作的掌握情况，常规设计通过达标与技评两个主要形式完成成绩的评定。在设计时应全面考虑普修教学各阶段教学重点的变化，考虑学生的学习及掌握情况，在教学的中期和前期可重点针对单项技术进行教学，后期则可提高相应的教学标准，并设计一些单项技术的实用检验环节，如串联技术应用等，以考核学生的掌握情况与应变能力，从而反映技术习得的渐进性特点。

（一）单项技术的考核

在排球的教学过程中，教师需对学生的单项技术进行考核。如考核学生的对传、对垫、自垫等项目，因为这些项目大多数需要教师进行课堂讲解，所以教师可以按照教学进度对这些项目设立不同的考核标准和考核要求。单项技术的考核设计如表 7 - 1 所示。

表 7 - 1　　　　　　　　单项技术的考核设计

项目	考核设计	学习阶段	考试类型	考核阶段
对墙传/垫球	不限移动范围，10 ~ 15 次	学期中期	考查	课堂小测
	限制移动范围（距墙 2 ~ 3 米）	学期中、后期	考查或考试	期中/期末考核
对传/对垫	距离 2 ~ 3 米，左右移动不限	学期中、后期	考查或考试	期中考核
	距离 4 ~ 5 米，左右 1 ~ 2 米	学期中、后期	考查或考试	期中/期末考核
原地自传/自垫	不限移动范围，10 ~ 15 次	学期初、中期	考查	课堂小测
	限定移动范围（在直径 2 ~ 3 米的圆圈内），20 ~ 30 次	学期中、后期	考查或考试	期中考核
4 号位扣球	同学或教师抛球，不限落点区域	学期中、后期	考查或考试	期中/期末考核
	教师抛球，限制落点区域	学期中、后期	考查或考试	期末考核
下手发球	端线附近的发球，不限落点	学期初、中期	考查	期中考核
	发球区，限制落点区	学期中、后期	考查或考试	期中考核

项目	考核设计	学习阶段	考试类型	考核阶段
上手发球	端线附近的发球，不限落点	学期中、后期	考查	期中考核
	发球区，限制落点	学期后期	考查或考试	期末考核

（二）组合技术的考核

对学生组合技术的考核是排球运动考核的重要内容，组合技术的考核设计如表 7-2 所示。

表 7-2　　　　　　　　组合技术的考核设计

项目	考核设计	学习阶段	考试类型	考核阶段
自传+自垫	不限移动范围，10~15 次	学期中、后期	考查或考试	期中/期末考核
	限定移动范围，20~30 次	学期中、后期	考查或考试	期中/期末考核
对墙传+垫球	不限移动范围，10~15 次	学期中、后期	考查或考试	期中/期末考核
	限定移动范围，距墙 2~3 米	学期中、后期	考查或考试	期中/期末考核
对传+对垫	距离 2~3 米，左右移动不限	学期中、后期	考查或考试	期中/期末考核
	行进间完成，距离 4~5 米	学期中、后期	考查或考试	期中/期末考核
传/垫—扣配合	教师抛球或击发球，学生接球或传球后上步扣球	学期中、后期	考查或考试	期中/期末考核
	形式同上，限制发球或扣球落点	学期中、后期	考查或考试	期中/期末考核

二、排球高级技术考核方法的设计

（一）单项技术的考核

单项技术的考核设计如表 7 - 3 所示。

表 7 - 3　　　　　　　　　单项技术的考核设计

项目	考核设计	考试类型	考核阶段
原地传/垫球	固定支撑脚的定点自传/垫球，不限高度	考查或考试	期中/期末考核
	规定落点区域	考查或考试	期中/期末考核
对墙传/垫球	固定支撑脚位置	考查或考试	期中/期末考核
	限定落点区域	考查或考试	期中/期末考核
顺网及调整二传球	教师或同学抛球，完成规定次数的二传技术考核	考查或考试	期末考核
扣球	教师抛球或二传传球，完成前、后排不同位置的一般扣球与快变扣球考核	考试	期末考核
上手发球	规定发球区域、限定落点区域的大力发球或发飘球	考试	期末考核
拦网	固定扣球人与位置或实战中的拦网练习与考核	考查	期中/期末考核

（二）组合技术的考核

组合技术的考核设计如表 7 - 4 所示。

表 7 - 4　　　　　　　　　组合技术的考核设计

项目	考核设计	考试类型	考核阶段
原地对传/对垫	一人固定支撑脚，规定距离与出球高度	考查或考试	期中/期末考核
	两人同时固定支撑脚，限定距离与出球高度	考查或考试	期中/期末考核
自传/垫—传/垫出	对墙完成，自传/垫 + 对墙传/垫计为一个完整击球回合，规定完成的回合数、距离及出球高度	考查或考试	期中/期末考核

续 表

项目	考核设计	考试类型	考核阶段
自传/垫—对传/垫	每人完成一次自传/垫，再将球传/垫与同伴计为一个完整击球回合，规定完成数、距离及出球高度	考查或考试	期中/期末考核
传/垫球—二传	教师指定学生发球，考生接一传后移动至网前，接另一教师（学生）的球完成二传，规定传球方向、广度与落点区	考查或考试	期中/期末考核
传/垫球—扣球	形式同上，接一传或防守扣球后上步扣教师抛球或二传传球，限制发球或扣球落点区域（例如，直线/斜线），可考核快球扣球	考查或考试	期中/期末考核
防—调—扣	两/三人一组，固定位置或随机性连续打防及调整球考核	考查或考试	期中/期末考核
发球—接发球	发球区完成指定任务，上步接发球，限定发球及接发球动作与落点	考查或考试	期中/期末考核

第三节　战术考核设计

一、排球基本战术考核方法的设计

基本战术考核设计如表 7-5 所示。

表 7-5　　　　　基本战术考核设计

考核形式	考核项目	考核设计	考试类型
战术实践考核	个人战术	结合个人基本技术学习与考核过程中表现出来的战术意识进行考查，如发球的力量、速度等	考查
	集体战术	基础场上站位与分工	考查
		中/边一三二防守阵型与基本配合	考查或考试
		中/边二三进攻阵型与基本打法掌握	考查或考试

168

考核形式	考核项目	考核设计	考试类型
战术理论考核	结合实践教学设置战术部分的相关试题,以填空题、判断题、选择题、名词解释等题型进行考核		期末考试

二、排球高级战术考核方法的设计

为了提高学生的排球战术素养,在教学过程中通常采用训练和竞赛的形式加深学生对相关战术理论的理解,进一步掌握专位打法,提高配合能力,根据学生特点划分专位,传授专位战术配合与打法,以边一三二站位、边二三战术及"插上"战术为重点,学习各种个人与集体配合战术与打法,如各种快球变化与换位配合等。在进行考核时,应该较多地结合实战环节进行战术类考核。高级战术考核设计如表 7-6 所示。

表 7-6　　　　　　　　高级战术考核设计

考核形式	考核项目	考核设计	考试类型
战术实践考核	个人战术	①结合个人单项技术与串联技术学习及考核过程中表现出的战术意识进行考查; ②结合集体战术考核中个人战术应用进行考核	考查
	集体战术	结合实战进行考核:(如设计二打二、三打三、四打四与六人制教学比赛,在比赛中检验学生对各处战术的掌握与运用情况) ①场上站位(专位)与跑位(位置交换); ②各种进攻与防守阵型的配合与变化; ③各种进攻打法(个人战术的应用)	考查 + 考试
战术理论考核	口试 + 笔试 + 作业形式,全面考核		期末考试

第四节　理论考核设计

在进行排球理论考核时,应该十分了解排球理论发展的基本脉络、排球技战术的基本理论、相关的教学训练理论等知识。

一、排球理论考核内容设计

排球理论考核内容可以参照表7-7进行设计。

表7-7   排球理论考核内容

理论章节	基本理论	高级理论
排球理论概述	排球运动简介，国内外排球运动发展与传播的情况	排球运动发展的最新理论，排球运动教学与竞赛改革的信息
排球技术	排球技术的定义，排球技术的动作方法和技术要领	进一步学习技术理论，结合实践，全面学习排球技术细节，将理论应用于实践
排球战术	战术定义与分类，阵容配备，进攻战术（中二三、边二三）与防守战术（中一三二、边一三二接发球站位；单人拦网下的防守战术）	明确阵容配备与专位分工，较全面地学习与掌握各种基本的进攻与防守战术，练习各战术间的转换与衔接
排球训练方法	结合课堂教学，指导学生初步了解普修传授的基本技术与战术的教学方法与手段	全面了解排球运动教学与训练理论，掌握并灵活运用各种教学方法与手段，能够独立完成基层排球课的教学设计与实践工作
学生体能训练方法	了解身体素质的提高方法	在实践课中设置与体能训练相关的内容
心理技能训练	不进行安排	让学生了解排球运动员出现的心理状态和调节方法
排球竞赛组织与编排	了解基本的编排方法	可以将理论与实践相结合，参与排球竞赛的编排和组织工作
高校排球队	不安排介绍	初步了解基层队伍的组建与管理
排球竞赛规则和裁判方法	裁判分工与职责	竞赛组织与裁判法
排球游戏	学习排球游戏，掌握游戏方式方法	明确各种游戏的设计理论，结合教学要求创编排球游戏

二、排球理论考核形式设计

在对学生进行排球理论考核时，可以采用口试、笔试、作业、小结和科研报告等形式，具体如表 7 - 8 所示。

表 7 - 8 　　　　　　　　　　　排球理论考核形式

考核形式	基本理论	高级理论
口试	随堂口试基本的技术术语、动作方法、场上配合方式等，以考查学生基本知识点掌握情况	强调学生对基础理论的理解，可进行片段教学或授课，以检验学生对相关理论知识的掌握与应用情况，提高师范生语言组织与表达能力
笔试	通过闭卷形式对基础知识点进行考核	闭卷与开卷考核相结合，闭卷设计可相对灵活，开卷则多设置开放性问题，以检验学生对相关理论的理解深度及对具体问题的分析能力和解决能力
作业	针对课堂教学内容布置相关思考题，主要目的是促使学生了解技战术的理论定义，打下理论基础	设置专题进行课后思考，可针对教学单元进行，以提高学生对技战术理论的理解，以及借助理论解决实际问题的能力
小结	不涉及	设置专题进行课后思考，可针对教学单元进行，以提高学生对技战术理论的理解，以及借助理论解决实际问题的能力
科研报告	不涉及	在专修的中后期指导学生学习科研方法后可布置相关课题的科研作业，由个人或小组完成，引导学生掌握最基础的专项科研方法

第五节　专项技能考核设计

一、排球体能考核设计

排球运动的教学除了注重提高学生的排球技战术以外，还要注重提高学生的体能水平。在排球运动教育中，多采用各种形式的专项练习来完成排球技战术的教学与训练，教师会根据不同单元的教学要求设计不同负荷、不同密度的练习与比赛，这就要求学生在提高自身体能素质的基础上，进一步进行各种专项体能训练，并在此基础上配合教师完成各单元的教学与训练。在这一过程中，教师和学生双方会有比较多的互动，教师会引导学生逐渐了解与控制各种专项体能练习的方式方法，进而教授相关的体能练习技巧；同时，学生通过课堂上的体能训练，提高自身排球专项运动能力，为学习与掌握更深层次的排球技战术打好基础，并积累相关的体能练习指导技巧，提高自身综合的排球运动素养。

二、裁判能力考核设计

对于学生排球裁判能力的考核也是排球运动考核的一个重要内容，根据相关理论，可以按照以下内容进行考核，如表 7 – 9 所示。

表 7 – 9　　　　　　　　　　　排球裁判能力考核

教学阶段	考核设计
基础阶段	主要以理论笔试的形式进行，除问答题外的各种题型均可进行相关设计； 临场实践操作考核：裁判能力（对常规的临场执哨方法与手势运用进行考核）基本的一、二裁工作职责、基本裁判手势与哨声的应用等； 三级裁判员考核
提高阶段	笔试 + 口试的形式，考核裁判规则相关理论（发展史、变革等）； 教学竞赛的组织（主要工作职责与工作方法）； 裁判员工作职责与工作方法的全面实践考核（一、二裁，记录员，司线员）； 二级裁判员考核

三、排球科研能力的考核

在排球运动教学与训练实施的过程中，教师除了向学生传授各种技战术，还会向学生介绍排球运动的特点、作用和影响因素，学生领会与发现其中关联的过程，就是自身科研能力的挖掘与提高过程，教师应根据不同教学阶段的具体要求，创设不同的研究情境，有目的地引导学生进行不同形式的科研工作，逐步锻炼与提高自身科研能力。对学生排球科研能力的考核通常会采用读书报告、书报评论、专题作业、学年论文与毕业论文等形式进行。在排球运动教学过程中所涉及的科研能力考核环节，应当根据不同阶段的教学定位、学生的条件和研究工作的内容，选取相应难度的形式进行设计。

第八章　高校排球运动竞赛组织与裁判法

第一节　高校排球运动竞赛组织

高校排球竞赛，无论是运动会比赛还是单项锦标赛、邀请赛还是友谊赛，都涉及队伍报名、竞赛编排、场地器材、裁判工作、宣传报道、后勤保障等多项工作。这种包括人、财、物的社会活动，本身就是一个特定的动态系统。所以，要将排球竞赛视作某种系统工程，让其具备完整的结构、妥当的人员组织、清晰的职责界定，并且确保相关部门能够彼此配合、高效协作。

一、竞赛组织工作

排球竞赛组织工作有两个层次：第一个层次是竞赛的策划、组织、调控，这是竞赛组织者的主要工作之一；第二个层次是对竞赛组织工作的具体操作与实施，这是竞赛业务部门的主要工作之一。

（一）竞赛组织机构及其工作内容

1. 排球竞赛组织机构

排球竞赛组织者在组织一次比赛时，要依法或依照有关规定成立组织委员会（以下简称组委会），使之成为这次比赛的权力机构。在组委会的领导下，保证竞赛的各项工作正常进行。

组委会是排球竞赛的最高领导机构。通常，组委会的前身是赛前的竞赛筹备委员会（或竞赛筹备领导小组）。组委会由主任、副主任和若干委员组成。因为正常排球竞赛涉及多方面、多领域的策划，所以组委会在进行领导工作时要始终以人为中心，切实用好人力、提供优质服务，并且要考虑到竞赛的多变性、复杂性，随时做好应对各种状况的组织及管理工作。

2. 排球竞赛工作机构及其工作内容

（1）竞赛组织者的主要工作内容

竞赛组织者要从全局角度把握赛事要求、目的及规模。在对比赛进行策划组织时，能够充分、恰当地运用人、财、物，力争以低投入收获理想的回报。这里所说的回报并非指某一方面，而是涵盖了品牌推广、运动水平提升、经济效益等诸多方面。排球比赛的最高管理者要明确知晓赛事策划、组织机构的内在关联及具体工作职责，从而强化对相关工作落实的掌控。

（2）竞赛业务部门的主要工作内容

竞赛业务部门指的是一次比赛主管竞赛工作的业务部门，即竞赛处。它的主要工作是负责这次比赛的竞赛工作及相关事务，它是竞赛工作的调控者，也是竞赛工作的执行者，竞赛业务工作分为赛前、赛中、赛后三个阶段，各个阶段的工作内容与任务均有侧重点。筹备期的工作内容与任务重点在于成立组委会、审定各部门工作计划、协调各部门工作、解释修改规则等；比赛期的工作内容与任务重点在于检查各部门工作、审查参赛资格、处理违规者、协调各部门工作等；比赛后的工作内容与任务重点在于领导组织各部门总结、督促做好成绩汇总工作等。

（二）制定排球竞赛规程

排球竞赛规程主要包括以下内容。

（1）竞赛名称。

（2）目的和任务。

（3）竞赛日期与地点。

（4）参赛单位、组别等。

（5）审查参赛者资格。

（6）报名办法、报名日期与地点。

（7）竞赛办法、赛制、确定名次办法。

（8）采用何种竞赛规则。

（9）奖励办法。

（10）抽签办法、日期与地点。

（11）仲裁委员会组成。

（12）裁判委员会组成。

（13）其他有关事项：服装、经费、报到地点等。

（14）本规则解释权。

（三）制订竞赛计划

计划是对未来具体行动的设想及所指定的方案。竞赛计划指的是规划和设计竞赛的相关事项并形成相应文本，是提前指定出来的竞赛的步骤及相关工作内容。

竞赛计划中既详细表明了竞赛的具体内容、时间，还明确了排球竞赛应当遵循的方针和应达成的目的。竞赛计划制订完成后，相关单位就能够以该计划为依据明确自己的参赛计划及训练体系。

制订竞赛计划，应包括下列内容：竞赛名称，竞赛时间和地点，竞赛的目的和方针，组织机构方案（部门设立、人员配置及开始工作的时间），参赛单位（包括领队、教练员、运动员、裁判员、工作人员的总人数估计及财务预算方案），录取名次和奖励（含奖品设计、制作及发奖方式），裁判工作（含所需裁判人员的数量、等级及集训办法），场地、器材准备（含竞赛、后勤部门工作计划及进度表），后勤保障工作（含后勤部门工作计划及进度表），开、闭幕式方案（含秘书都门工作计划及进度表）。

二、排球竞赛制度及编排工作

（一）排球竞赛编排工作的基本知识

1. 竞赛编排

竞赛编排指的是以赛场规则和参赛队伍为主要依据，依照特定的方法对不同队伍的日程、赛次等做出妥善的安排。

2. 轮数

轮数是排球比赛中的一项关键参数，它有利于预估赛事时间，合理设计比赛负担量。通常所有参赛队伍都参与了一场排球赛事就被视作完成了一轮比赛。

3. 场数

场数是排球比赛的另外一个不可或缺的参数，它主要用来对比赛的时间及场地进行预估。通常所说的场数指的是一场完整的赛事中所完成的比赛场数。

4. 节数

节数可视作一场排球比赛中的时间度量单位，通常一整天可以分为三节——上午、下午、晚上。

5. 场地容量

场地容量指的是在场地、时间皆不变的前提下，可以对多少场赛事做出安排。在排球比赛的编排工作中，场地容量可以说是一个基本度量概念。

6. 抽签

在排球赛事编排工作中，抽签是不可避免的，它往往用来对比赛队伍的排序进行确定，它有着十分鲜明的机遇性。

（二）排球竞赛编排工作的基本程序

1. 确定排球比赛秩序

运用科学方法确定出比赛的秩序，明确在何种情况下淘汰球队或者是进入循环赛制。

2. 明确各队伍的上场顺序及比赛对手

可通过抽签等方式明确各个比赛队伍的上场顺序，并且明确每一场比赛中各队伍的对手。

3. 制定详细的竞赛日程

根据公开、合理原则，在准确掌握竞赛的轮数、场数、天数和场地使用情况及运动员运动负荷等因素后，将比赛秩序日程化，这是将比赛秩序落实到具体时段的一种方法。

4. 编印秩序册

秩序册是竞赛工作的指南。秩序册一般包括比赛的竞赛规程、组织委员会名单、办事机构名单、仲裁委员会和裁判委员会名单、运动队名单、活动日程表、竞赛日程表、成绩表等。

第二节　高校排球运动竞赛的裁判工作

一、场地、器材、设备

（一）排球比赛场地

排球比赛场地通常分为两部分：一是比赛场区，二是无障碍区。场地呈长方形，并且地面平整，不会存在凹陷或凸起之处。

1. 排球比赛场区

排球比赛场区为 18 米 ×9 米的长方形。它是借助中线实现不同区的划分，两条长线被称作边线，两条短线被称作端线，无论何种界线，其都有大概 5 厘米的宽度。线宽也被算作场区之内。

2. 发球区

在两条边线后各画一条长 15 厘米、垂直并距离端线 20 厘米的短线，两条短线之间的区域为发球区。发球区的深度延伸至无障碍区的终端。

3. 前场区和后场区

中线和进攻线共同划分出的区域被称作前场区，该区域可以向边线外的无障碍区无限延长，进攻线和端线所共同划分出的区域被称作后场区。

通常比赛场区的周围 3 米之内不可设置任何障碍，并且距离地面 7 米之内的空间也应当不存在任何障碍。

（二）球网和网柱

1. 球网

球网的长与宽分别是 9.5 米和 1 米，其颜色为黑色，架设在中线的中心线上，整个球网与地面呈垂直关系。在成年男子排球比赛和成年女子排球比赛中，球网有着不同高度，分别为 2.43 米和 2.24 米。在少年比赛中，男子和女子比赛的球网高度也存在差异，分别是 2.35 米和 2.15 米。通常情况下，儿童比赛、基层比赛没有确定的球网高度，可以从实际情况出发自行对高度加以确定。

球网高度的测量应用量尺在场地的中间丈量。场地中间的高度必须符合规定高度，两条边线上空的高度必须相等，并且不超过规定网高 2 厘米。

2. 网柱

网柱的高度通常为 2.55 米，其形状为光滑的圆柱体。在边线之外 0.5 ~ 1 米的距离是固定网柱的地方，其周围不可设置任何的障碍物或者危险设施，并且所设置的网柱最好可以随意调节高度。

3. 标志带

标志带为两条宽 5 厘米、长 1 米的白色带子，分别系在球网两端，垂直于边线。标志带被认为是球网的一部分。

4. 标志杆

标志杆是两根有韧性的杆子，长 1.8 米，直径 10 厘米，分别设在标志带外沿球网的两侧。高出球网 80 厘米，高出部分每 10 厘米处涂有明显对比的颜色，最好为红白相间。标志杆被认为是球网的一部分，并视为过网区的边界。

（三）球

比赛用球的颜色可为一色的浅色或国际排联批准的多色球，圆周为 65 ~ 67 厘米，重量为 260 ~ 280 克，气压为 0.30 ~ 0.325 千克/平方厘米。

二、主要规则及裁判方法

（一）胜一分、胜一局和胜一场

比赛规则实行每球得分制，也就是队伍每赢得一个球即加一分。

在比赛的前四局中，先赢得 25 分并且比对手高出 2 分的队伍此局获胜。

若是对阵双方的比分为 24：24，那么比赛仍旧照常进行，直到双方的比分差距达到两分（如 26：24、27：25），分数领先的一队此局获胜。在决胜局中，率先取得 15 分，并且总分比对方队伍高出 2 分的队伍为获胜队伍。

通常，在一场正式的官方比赛中，所实行的比赛制度为五局三胜制，即比赛的次数不超过 5 局，并且率先赢下 3 局的队伍为获胜的一方。

（二）发球犯规与判罚

1. 发球击球时的犯规

（1）发球次序错误

获得发球权队的 6 名场上队员必须按顺时针方向轮转一个位置，由轮到后排右侧的队员（即 1 号位队员）发球。

发球犯规的处理方式：队员重新站到正确的位置；若次序错误并未造成得分，则判失一分；记录员必须对次序错误发生的具体时间有准确的把握，能够依照具体的错误时间取消次序错误队伍所赢得的分数，并且保证对方队伍的得分不受影响，判罚发球次序错误的队失一分；若次序错误的队伍已经赢得了分数，记录员又无法准确地判定出次序错误的开始时间，则只判罚该队伍失一分。

（2）发球区外发球

发球队员在发球时不受位置错误的限制，但队员发球击球时或跳发球起跳时，踏及场区或发球区外则判发球犯规，跳发球队员在击球前允许在发球区外助跑，但起跳时必须在发球区内，击球后可以踏及场内或发球区外。判犯规队失一分。

（3）发球击球时球未抛起或持球手未撤离。

（4）发球 8 秒违例。

2. 发球击球后的犯规

（1）发出的球触及发球方队员或球的整体未能通过球网垂直面。

（2）界外球：球的落地位置完全处于场区界线之外；球与非比赛成员、天花板、场外物体等相接触；球触及标志杆、网绳、网柱或球网标志杆以外部分；发球时或球进入对方场区时，球的整体或部分从过网区以外过网。

（3）发球掩护：发球队的任意一位队员，通过挥动手臂、左右晃动或者跳跃等方式给对方队伍的接发球造成阻碍，并且发出的球从其上空飞过，那么这种情况就被称作个人掩护。若两名或者两名以上球员密集站立从而给接发球队员的视线造成严重阻碍，且发出的球从其上空飞过，则这种情况就被称作集体掩护。

（三）位置错误

在发球或者击球的一瞬间，若双方队伍中有任意队员未处于规定位置，则可以判定为位置错误。在对球员的位置进行判断时，要注意下列几点。

（1）唯有在发球或击球的瞬间才会出现位置错误犯规的现象，在发球或击球开始之前或者完毕之后，双方队员都有自由挪动位置或者是对位置进行交换的权利。

（2）在赛场上，队员的具体位置取决于其脚部的着地位置。

（3）明确"同排"与"同列"的概念与位置关系：1 号位、6 号位、5 号位及 2 号位、3 号位、4 号位队员为同排队员。1 号位、2 号位，3 号位、6 号位，4 号位、5 号位队员为同列队员。同排队员左边或右边队员的一只脚的某部分必须比同排中间队员的双脚距离同侧边线更近；同列队员中，前排队员一只脚的某部分必须比同列后排队员的双脚距离中线更近。

（四）击球时的犯规

1. 四次击球犯规

若某支队伍连续触球的次数达到 4 次（不包括拦网在内），那么就被判作四次击球犯规。

2. 持球犯规

队员在进攻性击球时可以吊球，但是在触球时要保持动作的清晰，并且不能做出推压动作，不可用手改变球的方向。

3. 连击犯规

一名队员连续击球两次或球连续接触身体的不同部位为连击犯规（拦网和第一次击球时除外），在第一次击球时，允许身体不同部位在同一个击球动作中连续触球，不判连击。

4. 借助击球犯规

在比赛场地内，队员若在击球时借助同伴或者是其他物体的支持，则应被判定为借助击球犯规。

（五）队员在球网附近的犯规

1. 过网击球犯规

对方在击球前或击球时，在对方空间触及球或对方队员为过网击球犯规，其依据是击球点是否在对方场区空间。

2. 过中线犯规

在比赛进行中，队员整个脚、整个手或身体其他任何部分越过中线并触及对方场区时，为过中线犯规。

3. 网下穿越犯规

队员在网下穿越进入对方空间并妨碍对方比赛时，为网下穿越犯规。

4. 触网犯规

在比赛开始之后，若队员与9.5米以内的球网、标志杆、标志带有接触，则应当被判为触网犯规。若队员在没有击球想法及动作的情况下，偶尔与球网相接触，则不判定为犯规。队员在做出击球动作后，在不对后续的比赛情况造成影响的情况下，队员可以与网柱、网绳或网全长之外的任意物体相接触。

（六）拦网犯规

1. 过网拦网犯规

在对方进攻性击球前或击球时，在对方空间拦网为过网拦网犯规。所谓进攻性击球是指除发球和拦网以外，所有直接击向对方的击球。

2. 后排队员拦网犯规

后排队员拦网犯规必须同时具备三个条件：后排队员在靠近球网处，并且手在高于球网上沿处阻拦对方来球，并且接触了球。

3. 拦发球犯规

拦对方发过来的球为拦发球犯规。只要队员在球网附近，手高于球网上沿阻拦对方发过来的球，不论拦起、拦死，只要触球即为犯规。

4. 伸入对方空间并触球

从标志杆外伸入对方空间并触及球为犯规。

（七）后排队员进攻性击球犯规

当同时满足下列各项条件时才能将后排队员的进攻行为判定为进攻性击球犯规：后排队员处于前场区内或者是脚部接触进攻线或者其延长线时；击球时球的整体高于球网上沿；完成进攻性击球，即击出的球整体由过网区通过球网的垂直面，或触及对方拦网队员的手。

（八）不符合规定的请求间断

1. 超过规定次数的请求普通暂停

依照规则，从开始的第 1 局到第 4 局，每局都可以请求 2 次技术暂停，每次暂停的时间为 1 分钟，当领先队伍赢得 8 分或者 16 分时自动发起技术暂停。在决胜局中并未设置技术暂停，但在该局比赛中，每一支队伍有 2 次普通暂停机会，每次暂停的时间为半分钟。

2. 超过规定次数的请求换人

在一局比赛之中，每队不可超过 6 人次换人。一人下场、一人上场就被视作一人次换人。

3. 同一个队在未经比赛过程再次请求替换

在发出队员替换的请求之后，可同时对两名或两名以上队员进行替换，但在换人之前教练员应当借助手势明确表示出更换人次的数量，并且替换的过程中排球队员要成对加以替换。若是在替换队员后未进行比赛过程，那么此时队伍就无法再次请求换人。

4. 无权"请求"的成员提出请求

在比赛场上，有请求间断权利的人只有场上队长及教练员，他们需要做出特定的手势表达自己的请求。除此之外，其他成员没有提出请求的权利。

5. 在比赛进行中或裁判鸣哨发球的同时或之后提出请求

只有当比赛成死球时，裁判员鸣哨发球之前可以请求间断。

（九）例外的比赛间断

1. 队员受伤

若在比赛进行过程中发现队员身体受伤，则裁判员要在第一时间鸣哨，让比赛暂时中断，等处理完相应的情况后再继续比赛。在队员出现伤病时，应当先落实合法替换，只有在合法替换无法顺利落实的时候，才可以进行特殊替换。

2. 外因造成的比赛间断

比赛中出现任何外界干扰（如非比赛球滚入场内等）都应立即中断比赛，该球重新进行。

3. 拖延比赛的间断

间断时间累计超过 4 小时，不论在原场地或换场地比赛都应重新进行。

三、裁判员的组成及其职责

（一）裁判员的组成及位置

在一场正式的排球比赛之中，裁判员包含 5 人——第一裁判员、第二裁判员、记录员和 2 名司线员。在正式的国际比赛中，司线员的数量有所不同，最多存在 4 名。除此之外，比赛还配备了辅助裁判，如拣球员、播音员、司分员、擦地板员等。

如果是高校自行举办排球比赛，因受到诸多因素的制约，高校可从自身具体情况出发确定出裁判的具体人数及分配情况，但无论分配结果如何，都不能破坏比赛原则，不可影响比赛的顺利开展，必须配备第一裁判员和记录员。

在排球比赛中，第一裁判员的工作位置是裁判台，裁判台的位置比球网高，裁判员的视平线的高度应当比球网上沿高大概半米。第二裁判员站在第一裁判员的对面，比赛场区外的网柱附近，他的活动范围一般在两条进攻线的延长线之间。如果只有 2 名司线员，则分别站在第一、第二裁判员右侧端线及边线的交界处后。如果有 4 名司线员，2 名站在边线的延长线上，2 名站在端线的延长线上。记录员坐在第一裁判员对面的记录台。

（二）第一裁判员的主要职责

1. 赛前

第一裁判员主持场地、器材和比赛用球的检查工作；主持挑选发球权、场区工作，主持入场仪式；掌握准备活动时间。

2. 赛中

在排球比赛中，分数的最终判定者是第一裁判员，他有权利对其他裁判员的判断结果加以更改；在比赛成死球时，允许比赛队的暂停或换人请求；主持决胜局的挑边工作；对排球赛场上队长关于比赛规则的问题及请求予以解答和回应；负责判定赛场条件是否达到了相关规定和要求。在比赛过程中，除第一裁判员外，其他人无权对延误比赛犯规及其他不良行为展开判罚；另外，只有第一裁判员有权对发球位置错误、发球犯规、赛中击球犯规、高于球网上部犯规等进行判罚。

3. 赛后

第一裁判员主持退场仪式，检查记分表确定无误后签字。

（三）第二裁判员的主要职责

1. 赛前

对第一裁判员的工作进行协助，确保准备工作的顺利完成；负责比赛阵容位置表的分发及收回工作；在开始每一局的比赛之前，对两支队伍队员的场上位置进行核对；把球交至比赛的首个发球队员手中。

2. 赛中

若任意队员出现下列犯规行为，则第二裁判员应当立即鸣哨并做出相应的手势：接发球队员位置错误；队员击球时触及球网和第二裁判员一侧标志杆；队员网下穿越进入对方场区和空间；后排队员进攻性击球和拦网犯规；球触及场外物体或触及地面而第一裁判员处于难以观察的情况时。

第二裁判员有权允许比赛换人或者暂停等请求，也可以对违反规定的请求加以拒绝，并且落实具体的操作；第二裁判员掌管记录员的工作和准备活动区的队员；对于不属于自身职权内的犯规行为，第二裁判员可通过手势予以指出，但这种情况下其不可以鸣哨，也不能够违反第一裁判员的意见，始终坚持自身判断。

3. 赛后

协助进行退场仪式，在记分表上签字。

（四）记录员的主要职责

1. 赛前

登记队员姓名、号码，取得双方队长和教练的签字；登记上场阵容，并有责任保密。

2. 赛中

在比赛过程中，记录员的工作是对两支队伍的得分情况加以记录，并对发球轮次进行登记，查看场上发球次序是不是正确，准确地对赛场上暂停次数及换人次数加以记录并把记录结果告知裁判员；若队员的请求存在违背规则情况，则要在予以拒绝后将情况告知裁判员；对比赛中不良行为及犯规问题等的判罚结果加以记录。

3. 赛后

登记比赛最终结果一栏相关内容；自己首先签字，然后依次取得双方队长、裁判员的签字；如果有队伍提出抗议，赛后允许队长在记录表上填写相关内容；将记录表和成绩报告单交竞赛部门。

（五）司线员的主要职责

（1）当排球的落地点位于其负责的线附近的时候，向人们明确"界内"或"界外"；

（2）对触及身体后出界的球，示以"触手出界"；

（3）示意球触及标志杆，发球后球从过网区外过网；

（4）在发球过程中，若发现除发球队员外的其他队员出现脚部落于场外的情况，则将其视作犯规；

（5）发球队员脚部动作犯规；

（6）队员击球时或干扰对方时，与司线员同侧的标志杆存在接触现象；

（7）球超出了过网区的界线落入对方场区；

（8）在第一裁判员询问时，司线员必须重复旗示。

第九章 其他形式的排球运动

第一节 软式排球运动

一、软式排球运动概述

软式排球的材料主要是橡胶，与一般排球相比，具有较强的弹性，颜色多为浅黄、浅绿、浅蓝等，较为鲜艳，球的重量较轻，仅为210克左右，成人和儿童所使用的排球大小均不相同，成人用球的周长为78厘米左右，儿童为66厘米左右。软式排球的各方面特征使得它适合不同年龄段的人使用，能够满足人们娱乐、健身、竞赛等多种需求。软式排球运动就是借助软式排球来进行各种活动，主要分为"软排游戏"和"软排竞赛"两种。"软排游戏"主要突出的是其娱乐性，活动过程中的速度也相对较慢，人们容易掌握游戏规则，在游戏过程中的失误也相对较少，适合排球初学者和运动量较小的人参与，活动过程具有较强的趣味性；"软排竞赛"在具有娱乐性的同时也具有竞赛性，活动规则较为简单，可以有多种组织形式，适合多种年龄段的人参加。

二、软式排球运动的特点

软式排球运动与其他排球运动相比，具有自身独特的特点，主要包括：安全性、实用性、竞争性、灵活性、娱乐性、自由性、趣味性等，具体内容如下。

（一）安全性

安全性是开展各种体育活动都应满足的一项要求。软式排球与其他排球相比手感较软，对人体的伤害较小，即使被球打到也不会造成太大的伤害，具有较强的安全性，从某种程度上能够减小参与者对排球运动的恐惧心理，提高人们排球运动的参与程度。

（二）实用性

软式排球具有较强的实用性，不仅便于人们开展排球运动活动，而且其颜色鲜艳，能给人以赏心悦目的感觉。另外，软式排球的价格较为便宜，人们很容易就可以购买到，增加了排球运动的受众范围。

（三）竞争性

软式排球运动与其他排球运动一样，都存在着较强的竞争性，但是两者之间的竞争性又具有较大的差异。竞技排球运动对参与者的要求较高，参与者需要具备良好的身体条件、较高的技术水平，其身体综合素质较高。然而，在软式排球运动中，其比赛规则较为灵活，竞争的内容也具有较强的变通性。在软式排球运动中，影响获胜的因素有很多，比赛的形式也较为多样。例如，裁判可以将发球的准确性以及传球次数作为比赛的内容，改变了以往的比赛内容。在软式排球运动比赛中，参与者无论技术如何，都需要投入大量的精力才能获得胜利，软式排球运动能够充分将参与者的潜力激发出来。

（四）灵活性

软式排球运动的比赛规则较为灵活，参与者可以根据实际情况，对排球活动进行调整，场地大小和参与人数额可以根据实际情况来确定。软式排球运动对参与者的技术动作也没有固定的要求，可以根据参与者的水平进行调整。此外，软式排球运动对参与者的年龄和性别也没有一定的限制。整体来讲，软式排球运动的灵活性较强，能够满足不同年龄、不同水平、不同数量的人参与，参与的难度较低，具有较高的受众性。

（五）娱乐性

娱乐性是软式排球运动的重要特点，人们在软式排球运动中，并不会直接产生对社会有用的价值，而是在运动中发掘自身的价值和潜力，促进自身向着更好的方向发展。竞技排球运动具有较强的竞争性和目的性，运动员在排球训练中往往处在较为紧张的状态，排球训练的主要目的是提升其技能水平，运动员在这一过程中难以感受到体育运动所带来的愉悦感，在某种程度上排球运动是一种职业。而软式排球运动具有较强的娱乐性，这也是软式排球运动与竞技排球运动之间的显著区别。

（六）自由性

软式排球运动自身的娱乐性就决定了人们在参与软式排球运动中，不会过于关注最终的比赛结果，而是更为注重排球运动所带来的愉悦感。因此，在软式排球运动中，比赛规则的设置具有较强的自由性，参与者可以根据自身的想法，灵活设置比赛规则和比赛方式。

（七）趣味性

与一般的硬式排球相比，软式排球的重量相对较轻，球的面积也相对较大，人们在参与排球比赛的过程中不会对自己和他人造成伤害。而且在软式排球运动中，需要参与者加强彼此之间的配合，人们在软式排球运动中更容易获得成就感。此外，软式排球的重量较轻，人们在参与过程中难以判断球的运动轨迹，即使人们没有准确地接到球，落在身上也不会有太大的痛感，软式排球运动提高了人们参与排球运动的热情，具有较强的趣味性。

三、软式排球运动的价值

（一）娱乐价值

随着科学技术的发展，生产水平逐渐提升，人们的空闲时间也越来越多，人们的需求也开始变得多样。如何充分利用自己的闲暇时间，通过闲暇时间来提升自己的生活水平已成为如今人们普遍关注的问题。人们希望自己的闲暇时间是多元的、健康的，能够使自己从忙碌的工作状态中解脱出来，得到适当的休息，提升自身综合素质。

软式排球运动具有较强的趣味性和操作性，其运动开展所需条件较少，便于组织，能够满足不同年龄阶段的人们的需求，参与者在参与的过程中，不仅能够提高与他人的协作能力，而且还可以获得轻松愉悦的感受和心理上的满足。

由于软式排球运动具有较强的娱乐性，人们在参与排球运动的过程中能够满足自身的交往需求，同时还能帮助人们发泄自己的情绪，消除生活和工作中的紧张和压抑情绪。此外，家庭成员之间开展软式排球运动能够有效促进家庭各成员之间的交流，提高各家庭成员之间的亲密程度，进而提高自己的生活品质。

（二）拓宽思维能力

软式排球运动不仅具有娱乐性，同时还具有竞争性。在软式排球运动中，人们需要调动自身的综合能力，了解对方的技能水平，充分发挥自己的技能水平和思维能力，调动自己在排球运动中的积极性，这有助于拓宽参与者的思维能力。

（三）促进个体社会化

个体社会化是指人的社会化，是人们由生物意义上的人逐渐转化为社会学意义上的人的过程。人们在出生时，仅仅只是生物意义上的人，在长期的发展中，人们逐渐开始与社会上的诸多事物建立联系而逐渐成为具备社会意义的人，在这一过程中，个人需要了解社会群体的规范，学习掌握一定的知识技能。个体社会化不仅对个人具有重要的影响，能提升个体的存在价值，还对社会有重要的作用，能够推动社会的稳定发展。

在个人的社会化发展中，软式排球运动具有十分重要的作用，主要表现在以下几个方面。

首先，软式排球这一运动项目在长期的发展过程中已经形成了一定的比赛规则，人们在参与这项运动项目时，需要遵守相应的规则，对于青少年来说，能够增强其遵循社会规范和行为规范的意识。

其次，软式排球具有较强的社交性，人们在参与软式排球运动的过程中，能够增强与他人的交流，加强与他人之间的联系。

再次，软式排球运动提倡队员之间的相互合作，人们在进行软式排球运动时投身于当下的运动中，齐心协力，团结一致，这能够培养青少年的团队意识。

最后，人们在参与软式排球运动的过程中，其自身的社会功能、适应功能、遵守社会规范的意识等会得到不同程度的加强，人们可以在融娱乐和健身于一体的软式排球运动中实现自身的社会化发展。

（四）促进个体的身体健康发展

软式排球运动具有较强的操作性，人们在长久参与软式排球运动的过程中，不仅能够提高自身的身体素质，还能提升综合素质，提高人们对不同环境的适应能力。软式排球运动的适应范围较广，对不同年龄段的人们所产生的影响也不相同，具体包括以下内容。

1. 促进少年儿童的健康发展

对少年儿童来说，正是身体发育的重要阶段，养成正确的生活习惯和活动习惯对身体发育具有十分重要的作用，软式排球运动能够极大地促进少年儿童的健康发展。软式排球运动中有很多能够满足少年儿童发展的内容，能够对少年儿童的发展起到一定的推动作用。

2. 促进青年人的健康发展

青年人在这一阶段正处于提升身体素质的关键阶段，但是传统的运动训练一般较为单一和乏味，难以引起青年人的兴趣，导致其参与程度也相对较低。而软式排球运动具有较强的趣味性，而且青年人在软式排球运动中还可以锻炼自身的团队合作能力，提高自信心，提高自身综合素质。

3. 促进中年人的健康发展

中年人在这一阶段其身体素质已经开始呈下滑趋势，而且工作压力也较大，平常参与体育运动的时间少，兴趣较低。而软式排球运动具有较强的趣味性，能够激发人们参与体育运动的兴趣，且软式排球的运动量也能满足多数中年人的运动需求。经常参加软式排球运动，有助于加快中年人的新陈代谢，防止身体疾病的产生。而且软式排球运动的形式较为多样，中年人可以根据自己的需求选择适合自己的运动形式。

4. 促进老年人的健康发展

软式排球运动具有较强的灵活性，不同人群可以根据各自的需要选择不同的训练强度。对老年人来说，软式排球运动的动作难度较小，对人体产生的伤害也相对较少，便于老年人的参与。老年人在参与软式排球运动中，不仅能够锻炼到四肢，使自己的四肢更为灵活，还能改善自己的精神面貌，实现增强体质的效果。

（五）促进个体心理的健康发展

随着社会的不断发展，社会成员之间的竞争日益激烈，人们的工作强度有增无减，进而使得我国国民的精神负担不断加重，人际关系发生了根本性变化。由此可见，当今社会的成员必须具备良好的个体心理素质，才能更加顺利地适应高强度的社会生活。软式排球运动在调整个体心理状态、提高个体心理素质上拥有独特作用。有很多人因为自我期望值太高，面对挫折往往会因失去信心而陷入困惑状态，常见表现是自卑、恐惧失败、无法正视竞争。软式排球运动凭借多元化的活动形式使得所有参与者在参与过程中都需要正视输赢。经过一定时间的成功的鼓舞与失败的磨炼，往往会让参与者冷静地面对成败，更加全面地认识自我，将自身的潜力发挥出来，促使参与者树立强大的自信心，使得参与者对抗挫折的能力以及意志力都得到提高。很多时候，人们在各种因素的影响下，往往会在短时间内失去心理平衡，表现出情绪低落、情感冷漠的状态，软式排球运动能够使参与者在积极向上的氛围中获得欢乐、自由、自主的情感体验，使得消极情绪得到宣泄，对参与者调节情绪和情感有突出的正面作用。

除此之外，软式排球运动还有拓展参与者思维的作用。由于软式排球运动比赛中的情况瞬息万变，因此参与者必须沉着分析、精准判断，在对抗过程中与对手斗智斗勇，使其大脑思维得到锻炼。

四、软式排球运动的技战术

(一) 软式排球运动技术

1. 移动技术

在软式排球运动中，移动技术是必不可少的，其目的是及时接住球，为击球进攻提供机会。在软式排球运动中，人们完成接球动作是在多次的移动过程中完成的，因此，人们的移动速度和反应速度直接影响着击球进攻的效果。

在软式排球运动中，移动主要是通过走和跑实现的，多是短距离移动。此外，由于来球的位置和方向不固定，因此每次接球的位置也不一样，在球场上的移动也是不定向的，参与者的每次移动都需要根据球的位置和方向进行适当的调整，根据不同的位置和距离选择不同的步法。

移动技术的组成部分是移动、移动步法以及制动。就软式排球运动来说，常见的移动步法有并步、交叉步、滑步以及跑步等。在移动过程中，学生应当根据比赛场上的情况选取最适宜的准备姿势，从而迅速完成启动动作，在最短时间内移动到位。

2. 发球技术

软式排球运动的开始环节是发球，发球的一方需要独立完成抛球，然后用手准确地将球击打到对方的场区内。在整个软式排球运动中，发球是唯一一项不会受其他人影响的环节，不会被他人的技术所限制。在软式排球运动中，采用的发球方式主要是下手发球，发球人需要在肩部以下将球发出，这也是软式排球运动的一个特点。在软式排球运动中，下手发球主要分为两种，即正面下手发球和侧面下手发球，参与者可以根据自己的习惯，选择适合自己的发球方式。

3. 垫球技术

垫球技术在软式排球运动中具有十分重要的作用，是软式排球运动中使用的主要技术之一。在软式排球运动中，垫球技术的使用难度较小，是排球运动中使用频率较高的技术之一，垫球技术主要用在接发球、接扣球等过程中，在某些特殊情况下，还可用于进攻。

在软式排球运动中，垫球技术具有独特的特征，主要表现为：第一，软式排球在空中的滑行速度较慢，在经历了长距离的滑行后，会在一瞬间下沉，所以要在软式排球运动中垫球，需要适当地往前移动一下身体，身体重心也要做适当的调整；第二，由于软式排球的球体较软，因此，在垫球时，应适当地加强手臂的上抬力量，增加给球施加的力；第三，在软式排球运动中，垫球技术的主要目的是将球传给队友，因此，垫球的队员要加强自身垫球技术的准确性。

4. 传球技术

传球技术是软式排球运动中最基础的一项技术，同时也是软式排球运动中最重要的技术。软式排球的球体较软，极大地降低了人们传球时受到伤害的可能性，同时也降低了人们初学传球技术的难度。在软式排球运动中，使用传球技术的主要为团队中的二传队员。传球技术是各方准备进攻过程中不可缺少的一个环节，为进攻提供了条件。

与硬式排球运动相比，软式排球运动的发球通常采用下手发球，球在传递中的速度和力量都相对较小，给人造成的伤害也相对较小，因此，也相应地增加了传球次数，传球也能发挥进攻作用。

（二）软式排球运动战术

1. 个人战术

个人战术是指软式排球运动员联系赛场上的实际状况，有目的、有计划地应用个人技术动作的行动。在软式排球运动中，使用频率较高的个人战术是发球、一传、二传、三传、防守、扣球、拦网等。

2. 集体防守战术

（1）接发球阵型

①五人接发球阵型。五人接发球阵型是一种基础阵型，一名二传队员站在网前或从后排插上，准备二传且不接发球，其他5名队员均致力于完成一传任务，水平较低的队伍往往需要采用这种阵型。五人接发球阵型如图9-1所示。五人接发球阵型的优点是：第一，队员分布均匀，所有队员的接发球

195

范围都相对减小；第二，接发球时已经转变成基本的进攻阵型，为队员组织进攻提供了很大便利。五人接发球阵型的缺点是：第一，一传队员在后排时，从5号位插上距离较长、难度大；第二，3号位队员接球时，组成快攻战术存在诸多不便；第三，不利于占据进攻优势的队员用最快速度换位；第四，站位时，软式排球运动员之间的交界点会呈现慢慢增加的趋势，倘若队员配合不默契，将会出现队员相互干扰、相互争抢或者相互谦让的情况。

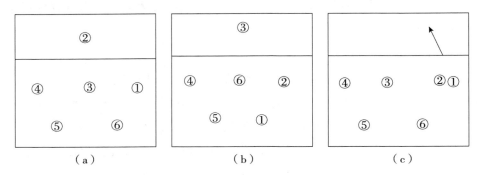

图 9－1 五人接发球阵型

②四人接发球阵型。插上队员和同列的前排队员应当站立于网前不接发球，其他4人站成弧形接发球。四人接发球阵型如图9－2所示。四人接发球阵型的优点是便于后排插上队员与不接发球的前排队员及时换位，缺点是接发球的4人应当具备较强的判断能力和移动能力。一般来说，建议整体水平偏高的软式排球队选用四人接发球阵型。

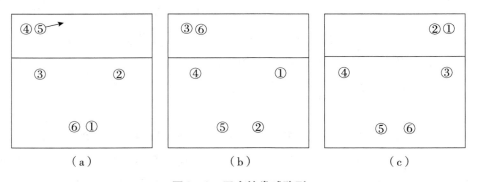

图 9－2 四人接发球阵型

（2）接扣球防守阵型

①不拦网的防守阵型。结合对方进攻的情况，当无须拦网时，可以选择不拦网的防守阵型。这种阵型和五人接发球阵型大体相同。前排进攻队员应当撤至进攻线后，不仅能为防守做好准备，还能为进攻提供便利。作为后排队员，应当后退并为防后场球做好充足准备。二传队员应当留在网前，不仅能防吊到网前的球，还能为组织进攻提供便利。对于接触软式排球运动时间较短的队伍来说，因为双方的扣球能力有限，所以比赛中应当选择不拦网的防守阵型。

②单人拦网的防守阵型。当水平偏低的队伍参与比赛时，因为对方进攻力量较弱，扣球路线变化相对单一且吊球比较多，所以应当选用单人拦网的防守阵型。单人拦网的防守阵型如图 9 - 3 所示，不拦网队员应当后撤，并承担防守前区的责任，后排队员则承担防守后场的责任。

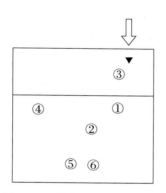

图 9 - 3　单人拦网的防守阵型

③双人拦网的防守阵型。双人拦网的防守阵型通常分为两种。其一为"边跟进"防守阵型，如图 9 - 4 所示。通常适用于对方进攻力强、吊球较少的情况。面对对方 4 号位进攻的情况，我方 2 号位、3 号位队员应当进行有效拦网，其他 4 个队员组成半圆弧形防守，如遇对方吊前区，由边上 1 号位队员跟进防守。"边跟进"防守阵型的优点是大大增强了拦网效果，缺点是边上的队员需要防直线并且跟进防前区，比较困难。其二为"心跟进"防守阵型，如图 9 - 5 所示。"心跟进"防守阵型就是后排中心的 6 号位队员在本方队员拦网时跟上去保护。这种阵型适合本方拦网水平高、对方选用打吊结合的战

术时使用。"心跟进"防守阵型的优点是强化了前区防守能力，缺点是后方防守存在很大空当。

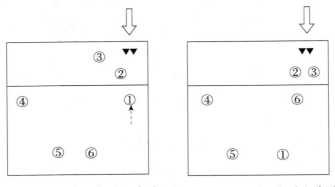

图9-4 "边跟进"防守阵型 图9-5 "心跟进"防守阵型

（3）接拦回球保护阵型

接拦回球保护阵型往往取决于保护扣球的实际人数，如图9-6所示。现以本方4号位队员进攻，其他5人保护为例。5号位和6号位队员向前移动，3号位队员向左后方移动，形成第一道防线。2号位队员内撤，1号位队员保护后场。队员在其他位置进攻时，布置的保护的阵型可以参照相同的原理。

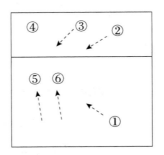

图9-6 接拦回球保护阵型

（4）接传、垫球防守阵型

面对对方难以组织有力进攻、被迫通过传球和垫球将球击入本方的情况，本方防守阵型和不拦网的防守阵型一致。必须注意的是，除了二传队员之外，其他队员应当在最短时间内结束后撤动作，做好完成接球后展开进攻的准备工作。

3. 集体进攻战术

（1）"中一二"进攻战术

如图9-7所示，位于前排中间位置的3号队员充当二传，将球传给位于两边的2号位、4号位队员进攻，这就是所谓的"中一二"进攻战术。面对二传队员轮转至2号位、4号位时，能够在对方球后换到3号位来，具体的站位方法如图9-8所示。

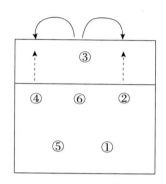

图9-7 "中一二"进攻战术

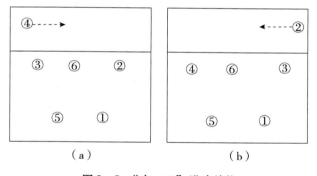

（a） （b）

图9-8 "中一二"进攻站位

"中一二"进攻战术的优势是一传向网中3号位垫球的难度比较小，有利于组成进攻，向2号位、4号位传球的距离短，因而增加了传球的准确性。"中一二"进攻战术的劣势是战术变化相对单一，容易让对手识破自身进攻意图。

（2）"边一二"进攻战术

如图9-9所示，由前排边2号位队员充当二传，把球传给3号位、4号位队员进攻，就是所谓"边一二"进攻战术。这种进攻战术的优点是为右手扣球者在 3 号位、4 号位扣球提供了很大的便利，战术变化相对多样；这种进攻战术的缺点是 5 号位接一传时向 2 号位垫球存在诸多不便，当一传将球垫到 4 号位时，二传接应的难度会大大增加。

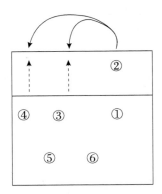

图 9 - 9 "边一二"进攻战术

（3）进攻战术打法

在软式排球运动中，进攻战术打法一般主要分为强攻、快攻、二次球进攻，各种进攻方式分别有自己独特的特点，具体内容如下。

①强攻。强攻一般需要二传传高球然后由主攻或副攻进攻，在软式排球运动中，强攻通常是在没有队友掩护的情况下，发挥自身的力量、高度、技术等优势，强行突破对方拦防的进攻方式。二传的位置决定了采用何种进攻方式，通常有集中进攻、拉开进攻、围绕进攻以及调整进攻等。

②快攻。快攻是指二传传出不同类型的平快球，以反借助这些平快球作掩护，组成的不同类型的战术配合。快攻的常见类型是平快球进攻、自我掩护进攻和快球掩护进攻。

③二次球进攻。在软式排球运动中，如果一传传来的球较高，比较适合扣球进攻，可直接进行进攻。如果遇到对方拦网，就及时调整为二传，将球传给前排队员进攻，这就是二次球进攻。

在软式排球运动中，这三种进攻方式较为常用，可用于排球运动中的各种情况。

第二节　四人制排球运动

一、四人制排球运动概述

四人制排球运动起源于 20 世纪 90 年代，早期是提高运动员防守能力的一种训练手段，后来在我国的青年联赛中广泛使用，成为我国排球运动比赛中的一种形式。

二、四人制排球运动比赛

四人制排球运动比赛是双方各上场 4 名队员，在一个长 18 米、宽 9 米的场区内进行对抗的一种比赛形式。比赛中，场上 4 名队员不分前后排，都可以参与扣球和拦网，发球按登记的顺序进行，队员在场上站位不受限制。接发球常用 3 人接发球、1 人二传的阵型，接扣球常用单人拦网、3 人防守的阵型。

四人制排球运动比赛采用三局两胜制，以某队先赢得 15 分并同时超过对方 2 分为胜一局（如 15 : 13、16 : 14），前两局最高分限为 17 分（如 17 : 16），第三局采用每球得分制，无最高分限。

四人制排球运动的参与人数与其他排球运动的人数相比较少，因此，在日常生活中便于组织开展。此外，人数的减少以及比赛规则中对进攻的限制，使得队员接触球的次数增加，扣球的频率也相对增加，有利于提高初学者学习排球的兴趣，队员的基本功也容易得到训练。

三、四人制排球运动规则

四人制排球运动是排球运动中众多形式的一种，其活动规则较为灵活，可以根据实际需要进行调整。以下简要叙述我国部分地区中学生四人制排球运动竞赛的规则，以便参考。

（1）场地器材与六人制相同，男子网高 2.35 ~ 2.43 米，女子网高 2.15 ~ 2.24 米。

（2）每局比赛前，教练员将上场队员的发球顺序表交记录台，比赛中必须按发球顺序轮换发球。

（3）场上队员可以选择任意站位，不会被裁判判为站位错误。

（4）各队在场上的四名队员均可进行进攻和拦网。

（5）关于进攻的规定：不允许完全在进攻区内起跳扣球（包括二次球和轻扣球），起跳时至少应有一只脚踏在进攻线后或进攻线上；传球、垫球、轻扣球或吊球都不允许球落入对方进攻区内；但发球、防守、拦网以及重扣球，球触网后允许落入对方进攻区内。

（6）每队每局允许换人 4 人次。

（7）除防守对方扣球和吊球之外，不允许第一次传、垫球过网，但可以扣探头球。其他规则与六人制排球规则相同。

第三节　气排球运动

一、气排球运动概述

气排球运动是我国本土的一种集运动、休闲、娱乐为一体的群众性体育项目，作为一项新颖的体育项目，受到了众多人的喜爱。该种排球运动的打法与竞技排球运动的打法较为相似，具有较强的竞技性。

气排球运动起初是为了满足老年体育运动的需要，当时采用的是气球，但是由于气球易爆，于是将两个气球套在一起来打，随后又使用儿童软塑球，后来将竞技排球运动的规则与其结合起来，发展为气排球运动。

气排球运动作为我国的一项本土运动，近年来得到了迅速发展，其运动、休闲、娱乐等特征，吸引了各个年龄段的人参与，尤其以老年人居多。

二、气排球运动的特点

气排球运动的特点主要表现为球体大、重量轻、球压小、球质软、球性好、球速慢、球场小、易上手等特点，具体内容如下。

（1）球体大。气排球的体积要比其他类型的排球要大，圆周长为 80～83 厘米，增加了人们的接触面积，便于人们在排球运动中对球的控制。

（2）重量轻。气排球的重量要比其他排球要轻，为 100～120 克，人们在参与气排球运动时，无须大力进行发球和击球。

（3）球压小。气排球球体内的气压与其他的排球相比较小，因此其手感较好，便于人们尽快熟悉球性。

（4）球质软。气排球的球体由柔软的薄皮包裹内胆材料制成，人们在运动过程中产生的触球疼痛感较少，不会对人们的身体造成伤害。

（5）球性好。由于其球体较软，具有较好的弹性，便于人们运用自身的运动技巧，便于传高球。

（6）球速慢。由于气排球的质量较轻，在空中滑行的滞空时间较长，留给人们更多的移动时间，提高了击球的准确性。

（7）球场小。球场长 13.4 米，宽 6.1 米，传、扣或防守时，不需要大范围移动；为避免出界也不需要大力发、扣球。

（8）易上手。气排球运动的规则虽然是借鉴竞技排球运动的规则，但是在一定程度上简化了其难度，对人们的技术要求也不高，简单易学，便于操作，各个年龄段的人均可参与。

由此可见，气排球运动的特点可以概括为：操作简单，上手容易，具有较强的安全性，而且在气排球运动中，增加了双方之间的传球次数，提升了其参与度，在保证其运动量的基础上，提高了人们对排球运动的兴趣，能够满足不同年龄段、不同体质的人们的需求。

三、气排球运动的价值

（一）提高身体素质

气排球运动具有较强的适用性，不同年龄、不同水平的人参与其中均能感受到气排球运动带来的愉悦感，在这种愉快的氛围下可促进自身身体素质的提升。经常参加气排球运动，人们不仅能够改善身体状况，提高身体素质，还能够锻炼关节、提升免疫力。

（二）培养集体意识

气排球运动是一项集体运动，是需要队员之间的相互配合，才能取得胜利的运动项目，只有在发挥团队水平的基础上，个人的技能水平才能够得以施展，进而获得比赛的胜利。这就要求各队队员在运动的过程中，要与队员之间打好配合，既要做好接对方击来的非到位球的准备，同时也要为下次同伴的击球创造条件。因此，经常参加气排球运动能够培养人们的集体意识。

（三）提升应变能力

在气排球运动中，需要人们具有较强的应变能力，准确地判断球的位置，并且准确地接到球，这也是在气排球运动中获得成功的关键。在气排球运动中，各队队员要充分调动自身的主动性，及时观察双方在场上的变化，及时准确地判断出同伴的需求，并做出及时回应。因此，经常参与气排球运动能够提升人们的应变能力。

（四）提升心理素质

在气排球运动中，人们无法预料场上可能发生的情况，无法预料结果。因此，参与者要做好出现各种情况的准备，并考虑到应对措施，在参与比赛时，让自己保持冷静，尽可能地发挥自身的最高水平。在参与比赛的过程中，要充满信心，积极地参与气排球运动。因此，经常参加气排球运动能够提升人们的心理素质。

参考文献

［1］曾黎．排球技术教学方法与训练［M］．成都：西南交通大学出版社，2015.

［2］陈铁成，王幼华，黄子宜，等．现代排球教学与训练方法设计教程［M］．厦门：厦门大学出版社，2012.

［3］陈正宇，高扬．体育锻炼与欣赏——排球［M］．郑州：郑州大学出版社，2006.

［4］初立伟．大学体育排球教学的困境及其策略［J］．文化创新比较研究，2018（12）：136－137.

［5］崔俊健，张华，王上．普通高校排球选项课传垫球多样化练习方法［J］．运动，2018（2）：57－58.

［6］葛春林．最新排球训练理论与实践［M］．北京：北京体育大学出版社，2003.

［7］龚德贵．中国排球运动可持续发展与后备力量的培养［J］．体育学刊，2001，8（2）：60－62.

［8］古丽娜尔·阿布力米提．现代大学排球训练方式的创新探讨［J］．体育风尚，2020（4）：62.

［9］古松，钟秉枢．中国竞技排球发展制约因素的研究［J］．北京体育大学学报，2012，35（10）：110－114.

［10］何蕊．竞技排球多人进攻战术的组合特征与协同实施［M］．北京：北京体育大学出版社，2016.

［11］胡文秀．高校排球技战术教学与训练方法设计研究［M］．北京：中国商务出版社，2013.

［12］华立君，宋吉锐．排球扣球起跳及专项力量特征的综合研究［J］．体育学刊，2010，17（6）：83 – 88.

［13］华立君．排球运动员扣球起跳动作及其专项力量的综合研究［M］．北京：北京体育大学出版社，2010.

［14］黄世光．排球运动中现代团队凝聚力的培养研究［J］．广州体育学院学报，2010，30（3）：118 – 120，128.

［15］姜喆．高校排球教学中培养大学生排球意识的必要性分析和对策研究［J］．农家参谋，2018（9）：202.

［16］靳小雨，孙启成．排球科研工作中运用量化指标评价的方法研究［J］．西安体育学院学报，2013，30（6）：698 – 702.

［17］黎禾．排球训练教程［M］．北京：高等教育出版社，2008.

［18］李焰，杨露，杨浩．排球运动的科学探析［M］．北京：现代教育出版社，2011.

［19］连道明，陈铁成．软式排球、沙滩排球、气排球理论与方法［M］．厦门：厦门大学出版社，2007.

［20］连道明．软式排球运动［M］．北京：人民体育出版社，2002.

［21］廖钟锋．现代排球技战术创新发展与实战训练探析［M］．北京：中国书籍出版社，2014.

［22］刘羡．排球运动发展与技能研究［M］．北京：中国原子能出版社，2013.

［23］刘运洲，张忠秋．优秀排球运动员的预判特征研究——以"扣球"为例［J］．中国体育科技，2012，48（4）：46 – 51.

［24］潘迎旭．中国排球运动的可持续发展研究［M］．北京：北京体育大学出版社，2007.

［25］屈东华．高水平排球运动员竞技能力诸因素特征之研究［J］．北京体育大学学报，2003，26（1）：132 – 134.

［26］塞西尔·雷诺．排球技术与战术教练指导手册［M］．朱禹丞，译．

北京：人民邮电出版社，2016.

［27］宋盛庆．比赛教学法在高校排球选修课教学中的应用［J］．西安文理学院学报（自然科学版），2020，23（1）：123-128.

［28］孙平．排球教学文件的制订与范例［M］．北京：北京体育大学出版社，2011.

［29］佟浩．排球运动技能形成中感知觉的作用及培养方法［J］．体育科学进展，2018，6（2）：13-17.

［30］王浩然．青少年排球运动员体能训练方法优化［J］．当代体育科技，2019，9（31）：42，44.

［31］王加益．我国排球运动发展的动态研究［M］．北京：北京体育大学出版社，2008.

［32］王世军．排球运动教学法与素质训练［M］．北京：九州出版社，2014.

［33］王爽，李德荣，王家成．现代排球运动训练理念与方法研究［M］．长春：东北师范大学出版社，2012.

［34］温金河．排球运动的素质训练和技战法［M］．郑州：黄河水利出版社，2012.

［35］翁志强．排球运动员选材与训练培养［M］．北京：中国原子能出版社，2012.

［36］徐利，钟秉枢．科学发展观视野下的排球运动科学探蹊［M］．北京：北京体育大学出版社，2011.

［37］杨建平．高校排球运动教学模式探索与实践［M］．哈尔滨：哈尔滨地图出版社，2007.

［38］杨江明．排球运动员预判能力研究［J］．体育文化导刊，2011（5）：53-56.

［39］美国运动教育计划（项目组）．青少年排球教与练［M］．虞重干，译．北京：人民体育出版社，2008.

［40］虞重干．排球运动教程［M］．北京：人民体育出版社，2009.

［41］张淼．高校普通排球运动员功能性体能训练方法体系构建探索［J］.

文体用品与科技，2019（20）：217-218.

［42］张彤．排球专项体能训练中间歇训练法的应用［J］．当代体育科技，2019，9（26）：51，53.

［43］张晓琳．比赛教学法在高校排球公共体育课中的实践应用探讨［J］．产业与科技论坛，2018，17（1）：152-153.

［44］张欣，林立文．我国排球后备人才可持续发展原则分析［J］．北京体育大学学报，2012，35（7）：125-127，131.

［45］张欣，杨军，赵亮，等．我国排球"跨界跨项"选材中关键问题的研究［J］．武汉体育学院学报，2018，52（4）：81-86.

［46］张欣．我国排球后备人才可持续发展影响因素及其未来趋势分析［J］．武汉体育学院学报，2013，47（12）：87-91.

［47］赵爱民，张健，魏相博．高校排球体能训练新视角［M］．长春：吉林大学出版社，2011.

［48］郑寿伟．现代高水平竞技排球阵容配备的审视与思考［J］．赤峰学院学报（自然科学版），2018，34（11）：114-116.

［49］中国气排球联谊理事会，新疆气排球联谊理事会，福建省宁德气排球协会．中国气排球运动教材［M］．昆明：云南民族出版社，2008.